大学英语一流课程建设研究

DAXUE YINGYU
YILIU KECHENG JIANSHE YANJIU

王 珍◎著

中国农业出版社
北 京

前 言

2018年教育部发布《关于加快建设高水平本科教育全面提高人才培养能力的意见》，提出实施一流专业建设“双万计划”。同年，教育部提出淘汰低阶性、陈旧性和不用心的“水课”，打造高阶性、创新性和具有挑战度的金课的课程建设目标，即金课的“两性一度”建设标准，明确提出“五大金课”，包括线下金课、线上金课、线上线下混合式金课、虚拟仿真金课和社会实践金课。2019年教育部正式发布《关于实施一流本科专业建设“双万计划”的通知》。随着一流本科专业“双万计划”的推进，教育部开始实施一流本科课程“双万计划”，计划认定万门左右国家级一流本科课程和万门左右省级一流本科课程。课程是人才培养的核心要素，课程质量直接决定人才培养质量。大学英语教学是我国高等教育的一个有机组成部分，作为大学外语教育的主要内容，大学英语是大多数非英语专业学生在本科教育阶段必修的公共基础课程，在国家人才培养中具有重要作用。为适应我国高等教育发展的新形势，提高教学质量，满足新时期国家和社会对人才培养的需要，青岛农业大学对大学英语课程进行了教学改革探索。

2018年开始，我们秉承课程整体观和教学系统论对大学英语课程教学体系进行了整体规划和系统设计，开展教学目标、内容、模式、方法、评价一体化的教学改革。本书全面介绍了本校大学英语教学改革历程和经验，探讨了大学英语 MACPIFT 教学体系框架、基于自建课程的线上线下混合式教学模式、“产出＋合作＋探究”融合教学方法以及过程性学习评价的开展情况，并专门介绍了师生合作评价在大学英语课堂上的应用。为了更好地满足农业院校学生的涉农英语学习需求，我们还积极建构了本校大学英语课程体系，开设了中国农业文化类课程。本书对中国农业文化概览和农耕文化翻译课程思政建设和在线课程建设也进行了改革总结与反思。此外，本书通过建设大学英语教材语料库，采用语料库分析手段对教材难度进行了数据分析，探讨了教材编写建议。经过五年的教学改革实践，我们大学英语课程形成了具有校本特色的系统化的教学体系和产出导向的智慧赋能混合式教学模式，建设了农业特色课程，建立了课程思政育人框架，总结了在线课程建设经验。

本书是作者近五年大学英语教学改革经验的总结，内容全部来自真实的教学实践。认认真真做学问、踏踏实实做课程一直是本人追求的人生目标。尽管本人呕心沥血、斟字酌句，书中难免出现错误，欢迎大家批评指正。

王 珍

2024年2月19日

目录

第一章

大学英语教学体系改革与实践

第一节　大学英语教学改革背景

在经济全球化和“一带一路”倡议实施的背景下，中国更多地参与国际事务，急需能熟练掌握外语并能进行跨文化理解与沟通的新型国际化人才。《大学英语教学指南》（2020 版）（以下简称《教学指南》）对大学英语课程进行了明确定位，指出大学外语教育是我国高等教育的重要组成部分，对于促进大学生知识、能力与素质的协调发展具有重要意义。大学英语作为大学外语教育的主要内容，是大多数非英语专业学生在本科教育阶段必修的公共基础课程，在国家人才培养中具有重要作用。为了实现国家人才培养目标，大学英语教学改革势在必行。大学英语教学改革的方向和目标主要基于以下五个方面：

第一，从国家高等教育政策和方针来看，大学英语必须进行课堂改革。2015 年国务院颁布《统筹推进世界一流大学和一流学科建设总体方案》，明确指出“坚持立德树人，突出人才培养的核心地位，着力培养具有历史使命感和社会责任心，富有创新精神和实践能力的各类创新型、应用型、复合型优秀人才”的人才培养目标。为实现国家“双一流”教育目标，2018 年教育部发布《关于加快建设高水平本科教育全面提高人才培养能力的意见》（简称新时代高教 40 条），提出实施一流专业建设“双万计划”。2019 年教育部正式发布《关于实施一流本科专业建设“双万计划”的通知》，随着一流本科专业“双万计划”的推进，教育部开始实施一流本科课程“双万计划”，计划认定万门左右国家级一流本科课程和万门左右省级一流本科课程。2018 年教育部提出淘汰低阶性、陈旧性和不用心的“水课”，打造高阶性、创新性和具有挑战度的金课的课程建设目标，即金课的“两性一度”建设标准，明确提出“五大金课”，包括线下金课、线上金课、线上线下混合式金课、虚拟仿真金课和社会实践金课。因此，大学英语教学改革目标应该是金课建设，这是国家高等教育发展的目标使然。

第二，从外语教育和互联网信息技术融合的发展趋势来看，基于互联网技术的大学英语线上线下混合教学模式是当前大学英语教学改革的必然趋势。2018年教育部出台《教育信息化2.0行动计划》，提出积极推进“互联网＋教育”，坚持信息技术与教育教学深度融合的核心理念，坚持应用驱动和机制创新的基本方针。响应国家各级教育方针政策，目前很多高校在积极主动探索“互联网＋教育”的具体教学模式。基于互联网信息技术的大学英语教学改革的新尝试是时代发展的新需求。

第三，从国家教育的根本问题来看，大学英语课程必须落实立德树人根本教育任务。新时代高教40条明确提出：把课程思政建设作为落实立德树人根本任务的关键环节，坚持知识传授和价值引领相统一。2020年《高等学校课程思政建设指导纲要》明确提出培养什么人、怎样培养人、为谁培养人是教育的根本问题，将课程思政建设提高到落实立德树人根本任务的战略高度。要求所有高校、所有教师、所有课程都承担好育人责任，构建全员全程全方位育人大格局，大学英语教师和大学英语课程也理应进行课程思政建设。

第四，从大学英语教学指南纲领性文件来看，大学英语教学需要进行全面改革。《教学指南》明确指出：“大学英语教学以英语的实际使用为导向，以培养学生的英语应用能力为重点。英语应用能力是指用英语在学习、生活和未来工作中进行沟通、交流的能力。”目前，大学英语教学界基本达成共识：大学英语教学目标是培养学生的英语应用能力，同时发展自主学习能力，使他们在学习、生活、社会交往和未来工作中能够更有效地使用英语，满足国家、社会、学校和个人的发展需要。《教学指南》也指出各高校应充分利用信息技术，积极创建多元的教学与学习环境，鼓励教师建设和使用微课、慕课，利用网上优质教育资源改造和拓展教学内容，实施基于课堂和网上课程的翻转课堂等混合式教学模式，使学生朝着主动学习、自主学习和个性化学习方向发展。同时，《教学指南》强调大学英语教学应融入学校课程思政教学体系，使之在高等学校落实立德树人根本任务中发挥重要作用。

第五，大学英语教学改革历程促使大学英语教学要结合时代发展趋势做一些新的尝试。青岛农业大学的教学改革历程主要经历了三个阶段。第一个阶段是分级教学阶段（2003—2016年），分级教学的实践响应了大学英语教学课程要求中的“分层分类”指导原则，根据学生的英语入学成绩，分为提高班和普通班，并采用不同教材进行授课，教学效果比较明显。第二个阶段是“3＋1”课程体系改革阶段（2010—2017年），该阶段主要解决大学英语后续课程的问题。“3”指的是大学英语1～3学期完成大学英语基础技能的学习，“1”是指在第4学期开设部分后续课程。在分级教学的基础上，大学英语教学第4学期开设文化类、专门用途类以及语言技能类三类课程，根据学校师资情况构建适合学校情况的课程体系。第三个阶段是大学英语一体化教学体系改革阶段（2018—2020年）。青岛农业大学是山东省首批应用型人才培养特色名校建设单位，以培养品德高尚、具有家国情怀、实践能力强的高素质应用研究型人才为目标。2018年开始，大学英语教学重在教学模式、教学方法与教学评价的综合改革，教学模式初步探索网络直播、手机微信等在大学英语教学中的应用，教学方法主要探索产出导向法的应用，教学评价由终结性评价为主转向过程评价。

新时代背景下，大学英语教学改革的重点是如何进一步实现应用研究型人才培养目标，如何建设具有“两性一度”的线上线下混合金课，如何有效有机融入课程思政。《教学指南》提出大学英语教学目标是培养学生的英语应用能力，高校应根据学校类型、层次、生源、办学定位、人才培养目标等，形成反映校本特色、动态开放、科学合理的大学英语课程体系。大学英语不仅在国家人才培养过程中，而且在实现学校人才培养过程中起着不可替代的重要作用，金课建设势在必行。因此，探索如何培养学生社会主义核心价值观和进行优秀传统文化教育以及如何培养学生英语综合应用能力，既是国家人才培养的必然诉求，又是应用型高校人才培养的重要目标。综上所述，探讨如何在立德树人的价值引领下进行新媒体技术与英语应用能力培养的深度融合，是打造大学英语线上线下混合式金课面临的新挑战，也是新时代深化大学英语教学改革的必然趋势。鉴于此，大学英语课程需要从教学目标、教学内容、教学方法、教学模式、教学评价五个方面进行整体改革和重构。

本教学改革的意义主要有三点：一是本教学改革的整体设计理念有助于反思当前大学英语教学改革存在的问题，进而思考未来改革思路。整体教学设计强调主要从教学目标、教学内容、教学方法、教学模式、教学评价五个方面系统思考一门课程的实施。而目前高校英语教学改革的整体设计理念不强，注重某个侧面的改革。本研究为未来的大学英语教学改革提供了思路。二是有助于提升学生英语应用能力，实现“双一流”高校建设和《国家中长期教育改革和发展规划纲要》提出的人才培养目标，从而为增强国家语言实力和国家软实力培养应用型人才。整合教学各大要素，发挥合力作用有助于切实提高学生的英语学习效果。有机融入中国文化，落实立德树人根本任务。三是为其他同类院校大学英语教学实践提供可参考路径。本教学改革是尝试在《教学指南》指导下基于时代要求、校本特色和学生需求进行的全面系统化改革，“知识＋案例＋实践”的思政教学设计、基于自建在线课程的线上线下混合教学模式、“产出＋探究＋合作”三法联动的教学方法、“形成＋终结”的教学评价，都为其他同类院校的大学英语教学改革提供参考依据。

第二节　大学英语改革的研究设计

一、研究改革对象

青岛农业大学从2018年开始，在2018级学生的大学英语Ⅰ、Ⅱ、Ⅲ的教学过程中，选取30个教学班级的学生作为实验组参与教学改革实践，其中包括普通本科、春招、外包三类学生，约2 000人，涉及专业主要是计算机科学与技术、国际经济与贸易、金融学、物联网外包等。本轮大学英语教学改革主要是进行“产出导向＋混合模式”一体化教学体系的探索，重点是探索产出导向法与师生合作评价在大学英语教学中的应用。2020年教学改革向纵深推进，进一步优化教学体系，构建了MACPIFT大学英语教学体系。该体系强调价值引领（Moral），以培养学生应用能力为目标（Application），有机融入中国文化及核心价值观（Chinese Culture），采用产出导向法（Production）和智慧赋能（Intelligence），加强形成性评价（Formative Assessment），重视团队协作（Team）。随着教学改革的推进，2020年开始，选取2020级信工、植保、电自化、制药、环工、物流、知产、质检、水族、海资等专业大约900名学生参与了新的教学改革实践。2018级和2020级学生使用的教材均为《大学进阶英语综合教程1—3》，教学改革均持续3个学期。教学改革历时4年，2018级学生进行3个学期，共8.5学分、136学时，分别包括第1学期2.5个学分、40学时，第2至3学期每个学期3个学分、48学时。2020年修改人才培养方案，大学英语学分改为8个学分、128学时。2020级学生教学改革亦进行3个学期，每个学期2个学分、32学时，共6个学分、96学时。

二、关键问题

1. 教学内容没有充分融入中国文化与社会主义核心价值观，不能切实发挥育人功能

大学英语教学内容以教材为主，没有依托教材单元主题充分挖掘中国文化元素和有机融入社会主义核心价值观，缺乏中国文化与价值观的深度和广度拓展，没有充分发挥大学英语教学的育人功能。

2. 混合教学线上线下拟合度低且学习任务形式单一，不能持续激发学生学习动力

大学英语混合式教学存在三个主要问题：一是线上课程学习内容与大学英语教材内容衔接与关联度比较低，线上线下学习内容存在“两张皮”问题；二是大学英语教学没有充分利用“线上教学”的优势辅助课堂教学，对现代信息技术利用不充分，不符合“互联网原住民”大学生“用技术学习”的学习习惯；三是线上学习任务形式单一，且缺乏渐进性，不能激发学生学习动力。

3. 教学方法重输入、轻输出，学用分离，不能有效提升学生英语应用能力

大学英语教学普遍存在学用分离问题。教学法以“课文中心”为主，教师“重讲轻练”，忽视知识在语言实践中的应用，学用分离问题突出，学生说、写、译产出能力比较滞后。教学设计采用“先输入，后输出”的教学流程，教学目标不明确，缺乏学习意义和内在驱动，无法调动学生学习积极性。

4. 课程学习评价以终结性评价为主

以往学生的课程总评成绩以期末考试卷面成绩为主，对过程评价不足，缺乏对在线学习情况、作业完成情况、单元测试成绩、讨论、课堂作业展示以及演讲等表现性学习任务的考核。终结性为主的考核无法全面真实地评价学生的学习表现与学业进步情况。

三、研究的主要内容

1. 构建大学英语 MACPIFT 教学体系框架

教学目标、教学内容、教学组织和教学评价是大学英语教学体系需要设计的四个核心要素。本研究积极探索如何在社会主义核心价值观引领下对课程的四个核心要素进行整体重构，采用团队成员分工协作、共同发展的教师发展路径，从理论上设计出一套可行的一体化改革方案。本研究采用课程整体观和系统论，对教学目标、内容、方法模式和评价进行统筹规划，尝试建立并实践大学英语混合金课 MACPIFT 教学体系。

2. 建立基于自建课程的线上线下混合教学模式

对教学内容进行重构，将教材内容结构设计为词汇、课文理解、翻译、听说、写作五个学习模块。根据布鲁姆教育目标认知分类学和“两性一度”的金课建设标准，设计多样化的层级渐进性学习任务。采用翻转课堂教学原则，将课文解读、听力技能、读写技能、翻译技能、思政内容录制为微课，同时配套相关练习，放到线上供学生自主学习。学生的表现型学习任务、教师的典型问题反馈等放到线下进行。同时课下组织多样化的英语实践活动。该教学模式真正实现了翻转课堂。

3. 创建“产出＋合作＋探究”三法融合的教学方法

产出导向法颠覆传统的先输入再输出的教学流程，遵循产出—驱动—促成—再产出—评价的教学过程。教师首先设置单元产出任务，设置产出任务情景，建脚手架进行促成，学生进行产出，最后聚焦典型问题进行师生合作评价。在促成与评价环节，教师通过探究式、合作式教学方法组织学生开展小组合作学习，进行课堂任务展示，参与英语实践活动等，有效促进学生英语应用能力的提升。

4. 建构线上线下混合的师生合作评价形式及有效策略

师生合作评价方式是教师聚焦学生作品中的典型问题进行反馈的合作评价。本研究重在探索如何利用超星学习通网络教学平台进行混合式师生合作评价。课前教师通过学习通的讨论区发起有关典型问题的样本讨论。课上教师通过学习通教学平台分配小组评价任务。课后教师将典型问题的详评录制为微课，上传学习平台，供学生反复地自主学习。同时教师将修改质量高的作文上传学习通网络平台，供大家学习欣赏。同时探索多元化的评价策略，如教师及时关注学生线上讨论、学生个性问题反馈、积分奖励、积极评价等，从而真正实现以评为学（evaluation is learning）的评价理念。

5. 建立“终结性评价＋形成性评价”的课程评价方式

为了全面、客观、真实、有效地评价学生的学习水平和学习情况，本研究在结合期末考试的终结性评价的基础上，探索形成性评价的方式与内容，尤其是如何有效评价学生的线上学习情况。通过混合式教学实践，本研究拟建立终结性评价与形成性评价相结合的课程评价方式。

6. 形成混合式教学的有效管理机制

为了保障和提高教学效果，尤其是在线学习效果，本研究通过教学实践探讨“发布＋通知＋接龙＋预警＋提醒＋反馈＋评价＋公示”八位一体的教学管理机制。具体包括八个环节，分别为教师发布学习任务、微信通知学生完成任务、学生通过微信进行任务完成情况接龙、学习通对没有完成任务的学生进行预警、教师通过微信提醒未完成任务的学生、教师进行学习反馈、教师进行任务完成评价、教师微信公示学习结果。

四、改革重点与难点

1. 构建 MACPIFT 大学英语教学体系

基于课程整体观与系统论视角，本课题尝试对教学目标、教学内容、教学方法与模式以及教学评价四要素进行一体化整体设计，加强社会主义核心价值观引领和教师团队分工协作、共同发展，构建 MACPIFT 大学英语教学体系。M 代表 Moral，强调社会主义核心价值观引领，落实立德树人根本任务。A 代表 Application，代表英语产出与应用能力，意指大学英语教学目标定为培养学生的综合英语应用能力。C 代表 Chinese Culture，代表中国文化，指的是教学内容充分挖掘中国文化元素，有机融入教学过程。P 代表 Production-oriented Approach（POA），指教学方法采用产出导向教学法，设计产出—驱动—促成—再产出—评价的教学流程，培养学生的英语产出能力。I 代表 Intelligence，代表智慧赋能，指教学模式采用学习通网络教学平台，开展混合式教学。F 代表 Formative Evaluation，具体指课程总评中终结性评价和形成性评价各占 50%。T 代表 Team，代表课程建设团队分工协作、共同发展的共赢模式。

2. 挖掘中国文化元素和社会主义核心价值观融入教学内容

依托教材的单元主题，从教材内容的横向和纵向两个维度挖掘中国文化元素思想内容和社会主义核心价值观，并依托思政教育与英语学习的融合点，设计多样化的教学活动，组织学生思考、交流、讨论、展示。重点是教师如何恰当使用显性与隐形教育两种方式进行思政教学设计，提升育人功能。

3. 探索基于自建课程的线上线下有机融合的混合教学模式

自建线上学习资源是教师面临的一个重大挑战，如何建设高质量微课，如何设计线上学习内容，如何安排线上学习任务，以及如何做到线上线下教学内容的有机衔接，都是需要摸索的。本教学改革需要对教学内容进行重构，探索如何根据布鲁姆教育目标认知分类学和“两性一度”的金课建设标准，设计多样化的层级渐进性学习任务，合理分配线上线下学习内容和任务，实现有机融合的混合教学。

4. 探索“产出＋合作＋探究”三法融合的教学方法

产出导向法颠覆传统教学流程，遵循产出—驱动—促成—再产出—评价的教学过程。重点探索如何基于大学英语教材主题设计多样化的产出任务，以及在促成与评价环节，教师如何开展合作式、探究式教学活动，从而有效促进学生英语应用能力的提升。

第三节　改革实践的理论依据

一、课程整体观和教学系统论

现代课程理论之父 Tyler（1969）提出著名的泰勒原理，认为任何课程和教学计划都必须回答四个基本问题：

①学校应该试图达到什么教育目标（What educational purposes should the school seek to attain)?

②提供什么教育经验最有可能达到这些目标（What educational experiences can be provided that are likely to attain these purposes)?

③怎样有效组织这些教育经验（How can these educational experiences be effectively organized)?

④我们如何确定这些目标正在得以实现（How can we determine whether these purposes are being attained)?

围绕上述四个中心，Tyler 提出了课程设计的四个步骤或阶段，可进一步归纳为“确定教育目标”“选择教育经验”“组织教育经验”“评价教育计划”，这就是泰勒原理的基本内容。根据泰勒原理，大学英语教学改革要从教学目标、教学内容、教学方法和教学模式四个方面进行整体设计。

与泰勒课程设计相似，英国课程专家 John Kerr 的课程设计包括四个部分，分别为课程目标、知识、学习经历和课程评价（Button et al.，2022）。

Saylor 等（1981）的课程设计也包括四个核心部分，即目标、课程设计、课程实施、课程评价，同时强调了基于课程评价对课程目标进行反馈的重要性。Doll（1992）认为课程设计包括课程目的、显示行为目标和内容组织的教学指南、课程管理指导规则和评估计划。

Nation 等（2010）在课程四要素的基础上提出了新的课程设计模型，增加了环境分析及需求分析。该模型由外环和内环构成。核心环是目标，围绕课程目标，要综合设计课程内容与序列、课程形式与呈现、课程监控与评价三个核心内容。内环包括环境分析、需求分析和原则应用三个部分，外环是评估，评估课程的实施效果并可以及时修订改善。

可见，课程设计即课程（教学模块）在课堂中有目的、有意识和系统地组织，应该包括学习者需求分析、设定教学目标、确定教学指导方法、建立评估方法等方面（Schweitzer，2020）。虽然国外学者视角下的课程设计模型存在一定差异，但是基本认为课程目标、课程内容、课程组织和评估是其四个核心要素。

国内学者秉承外语课程教学的系统论，与上述国外学者的整体课程观具有异曲同工之妙。中国外国语言学及应用语言学的倡导者和主要创始人桂诗春（1994）认同外语教学的系统论，认为“语言教学系统牵涉许多因素，我们不应在其中寻找一些简单的因果关系，而应该使用系统的方法在高一层次（整体）上综合考察这些因素的相互作用结果”。产出导向教学法的创建者文秋芳（2017）也认同这一观点，她强调教学系统是一个复杂体系，具有整体性、有机关联性和动态性。

然而长期以来大学英语课程改革存在教学与课程二元对立思维，致使改革主要停留在教学层面，而非课程层面，相关研究亦是如此，主要体现在教学方法与策略、教学模式、信息技术与教学相结合等方面，有关课程改革或课程体系的改革研究比较少（周小勇等，2011）。在新一轮教学改革背景下，大学英语课程教学的转型是一个系统工程，包括课程定位、教学内容、教学方法、评价体系、师生角色、教学管理等方面（何高大等，2013）。学术界已经普遍达成共识，大学英语课程的教学目标、内容、方法模式、评价四个要素是一个整体，忽略任何一个方面都将影响改革效果。目前已有学者从课程四个要素的角度探讨了外语类一流课程建设思路与方案，充分体现了课程整体观和系统论（张静，2020；王丽丽等，2021）。我们认同 Nation 等（2010）的课程设计模型，要理清教学改革的指导原则和理念，进行教学环境分析和学生需求分析，从教学目标、教学内容、教学方法与模式、教学评价四个层次对大学英语教学过程进行系统设计。基于此，我们对大学英语教学进行整体改革尝试，提倡以学习为中心的教学理念，践行“两性一度”的金课建设标准。

二、布鲁姆的教育目标认知分类学

20 世纪 50 年代，美国教育研究中心的 Benjamin Bloom 和他的合作者 Max Englehart 等提出一个教育目标分类框架，这一框架被称为 Bloom's Taxonomy，叫布鲁姆分类法，将教育认知目标分为六个层次，包括知识、理解、应用、分析、综合和评估。修订版的教育认知目标从低级到高级划分为记忆、理解、应用、分析、评价、创造六个层次（Anderson et al.，2001），如图 1-1 所示。

这个框架一直在指导和影响着美国整个教育体系目标和方法的制定，对一代一代 K-12 教师和大学教师制定教育教学目标和教学设计有着重要影响（Athanassiou et al.，2003；Clark，2009；Adams，2015）。Crompton 等（2019）对 2010 年到 2016 年的美国 PK-12 移动学习研究进行综述，发现学生参与的教学活动涵盖了布鲁姆教育认知目标的六个层次。Grebin 等（2020）研究证实了布鲁姆教育目标分类框架在成人学习系统中的可行性，分析表明使用布鲁姆分类法可以培养成人学生全面分析问题的技能，并提出包括“再现（知识）”“理解”“应用”“分析”“评估”“创造”等一系列任务设置可以作为成人各种学习的总体方案。Prakash 等（2022）研究表明在信息技术教育背景下学习者可以通过从记忆、理解、应用的低阶思维技能（Lower order thinking skills，LOT）到分析、评价、创造的高阶思维技能（Higher order thinking skills，HOT）的多层次训练提升自己的能力。

国内很多一线教师也在借鉴布鲁姆的教育目标认知分类学来指导自己的教

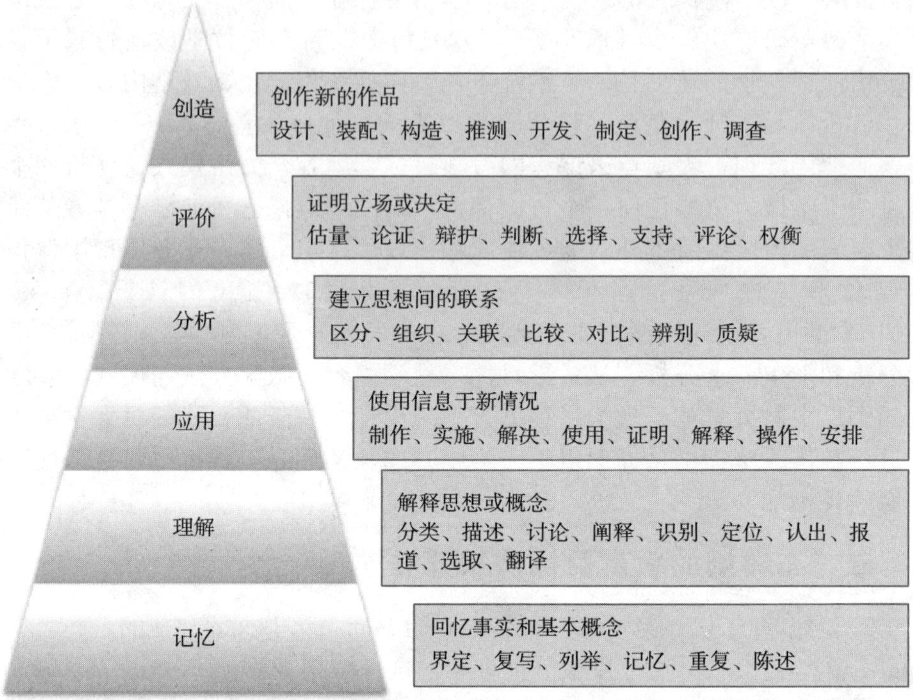

图 1-1　修订版布鲁姆教育目标分类框架

注：转引自 Armstrong（2010）。

学实践。布鲁姆教育目标分类框架为我们制定各类教育教学目标与教学活动设计提供了操作性的理论和实践依据。祝珣等（2014）阐述了布鲁姆认知领域教育目标分类理论对大学英语阅读教学的启示。随着“互联网＋教育”的混合式教学模式的推进，学者们开始关注布鲁姆教育目标分类学对于混合式课程建设以及教学的参考价值和借鉴作用。项兰（2016）、肖滢等（2018）分析了该分类框架对翻转课堂教学模式理论与实践深度融合的借鉴作用。吴树芳等（2018）结合教学实践分析了该分类框架对教学活动设计的适用性。刘星（2020）尝试采用布鲁姆教育目标分类法对 10 位大学英语教师的线下课程与线上课程任务中的思辨能力任务进行评估，发现线上课程任务所涉及的思辨能力任务频次更高。上述研究论证了布鲁姆教育目标认知分类框架可以用来指导教学活动和课程任务设计与评估的可行性。因此，该教育目标认知分类框架为大学英语教师开展混合式教学、设计多样化层级式学习任务提供了参考路径，对线上线下学习任务的配置也具有实际指导意义。

三、混合式学习理论

随着教育技术的快速发展，混合式学习（Blended Learning）应运而生。混合式学习是一种使用远程教育系统新范式，融合了网络教育与传统面授课教育的优势以达到最优化学习效果的教育方法。混合式学习充分结合数字环境中学生自学和面对面学习两种学习方式。课下学生可以自己观看教学视频并进行在线练习，课上学生通过教师面对面授课进行学习，这充分体现了以学生为中心的教学理念。美国网络大学西部州长大学系统总结了混合式学习对于教学和学生具有的诸多优势（Western Governors University，2021）。对于教师来说，优势主要有三点。一是为教师增加教育工具。通过利用在线元素，教师可以使用更多的学习工具，如游戏、视频和交互式应用程序，这为学生提供了新的参与和激励方式。二是为教师提供个性化支持。教师可以根据课堂需求混合和匹配教育工具和课程内容。三是帮助教师进行更有效的分级。教师可以借助在线数据更准确地评估和跟踪学生对材料的掌握情况。对于学生来说，学习优势亦有三点。一是可以增加参与度。教学实践证明，学生比在传统课堂上花更多时间投入学习。二是更以学生为中心。学生何时何地以何种方式学习有了更大灵活性，利于改善学生的学习体验。三是促进自治。混合式学习要求学生在自己的教育中更加积极，并利用目标设定和时间管理策略完成课程，这有助于培养学生的自主学习能力。

混合式教学颠倒了传统学习过程中的知识传授和知识内化两个阶段，实现了教与学的转变，不仅体现了学生为中心的教学理念，更重要的是符合当代大学生用技术学习的学习习惯。调查研究表明学生对移动设备辅助的混合学习具有高度积极的认可和学习体验（Baek et al.，2018；Simbolon，2021；闫开伦等，2021）。教学实践证明充分利用混合式学习教育方法的混合式教学能够提高学习灵活性，改善学习体验，提升学生投入，增加学生自信（Bouilheres et al.，2020；马晓蕾等，2021）。混合式教学模式既能发挥教师引导、启发、监控教学过程的主导作用，又充分体现学生作为学习过程主体的主动性、积极性与创造性（何克抗，2004）。目前研究表明混合式学习对学生的语言学习具有积极影响，如 Yaroslavova 等（2020）的研究表明混合学习模式不仅能够提高学生的语言流利度，而且能够激发学生通过便捷的在线环境练习语言技能的学习动机。吕晓敏（2021）、钟富强（2021）、李小兰（2021）、阮晓蕾等（2021）对外语教学的混合式教学模式理论构建与实践进行了积极探索，为一线外语教师提供了重要的参考框架和借鉴启示。

线上线下结合的翻转课堂是混合式教学模式的一种具体实施方案，目前已成为我国高校普遍采用的外语混合教学改革举措。翻转课堂的线上部分是教师把传统课堂上知识讲解部分“翻转”到课下，内容包括微课视频、语言学习资料、练习题和测试题等，鼓励学生课前自主学习，线下部分主要是教师进行反馈、答疑，引导学生进行探究性学习。这充分体现了“生成课程”这一全新理念，也就是动态性生长的建构性课程理念。基于课前学生已学完部分理论知识，翻转课堂为学生提供了更多的互动和实时反馈，有利于学生做出更大成果。实证研究表明翻转课堂能够增强学生学习投入、学习动机，促进学生交流互动，提升学习效果（Hsieh et al.，2017；Anggoro et al.，2022）。

当前线上线下混合式课程是我国一流本科课程“双万计划”的五种课程形态之一（吴岩，2018）。国内高校大学英语教学也在积极进行混合式金课建设。混合式教学设计的焦点是如何将线上和线下两种模态的优势有机融合，既强调学生的认知主体地位，强化学习者能动性，又坚持教师的主导作用（胡杰辉，2021）。混合教学颠倒了传统学习过程中的知识传授和知识内化两个阶段，实现了教与学的转变，不仅体现了学生为中心的教学理念，更重要的是符合当代大学生用技术学习的学习习惯。因此，大学英语教学改革要积极探索线上线下有机融合的翻转课堂混合教学模式，这是大学英语混合式金课建设的必然诉求。

四、产出导向教学理论

21 世纪初“以学生为中心”的教学理念引入国内，如任务型教学法与项目教学法受到国内学者关注。国内很多教师也积极进行了任务型教学法的教学改革，但是完全执行任务型教学难度很大（邓海龙，2018；文秋芳等，2020；罗少茜，2021）。有学者亦对任务型教学存在质疑，如不适合外语学习环境（Carless，2003；Littlewood，2007）。目前部分西方学者对以学生为中心的教学理念也进行了批评（Kirschner et al.，2006）。在学生为中心的教学理念指导下，教师在课堂上的作用存在边缘化的问题。同时，大学英语教学普遍存在“学用分离”“学评分离”等问题。针对这些关键问题，中国学者开始建构旨在提高大学英语教学质量的中国特色教学方法，提出了基于输出驱动—输入促成假设的“产出导向法”（Production-Oriented Approach，简称 POA）（文秋芳，2015，2017，2018）。

POA 教学理论体系包括教学理念、教学假设和教学流程三个部分（图 1-2）。教学理念主要有四个：一是学习中心说，主张一切教学活动要保障有效学习的发生。该理念质疑以学生为中心的教学理念。二是学用一体说，主张在课堂教学中，一切语言教学活动都与运用的紧密相连，做到“学”与“用”之间无边界、“学”与“用”融为一体。该理念针对传统课堂上“教材中心”“课文至上”及教学实践中“学用分离”的弊端。三是文化交流说，认为不同文明之间相互对话、相互尊重、相互理解与相互学习。四是关键能力说，主张外语教学必须培养21世纪人人都需要的关键能力，这种能力本质上指的是“在一个不确定的复杂情境中解决复杂问题的能力”，授课对象不同，关键能力应该不同。POA教学假设包括输出驱动、输入促成、选择学习和以评为学。输出驱动假设主张产出既是语言学习的驱动力，又是语言学习的目标。输入促成假设认为给学生提供促成产出的恰当输入能够帮助学生取得更好的学习效果。选择学习假设认为选择性学习比非选择性学习更能优化学习效果。以评为学假设认为课堂教学中评学结合比评学分离能够取得更好的教学效果。

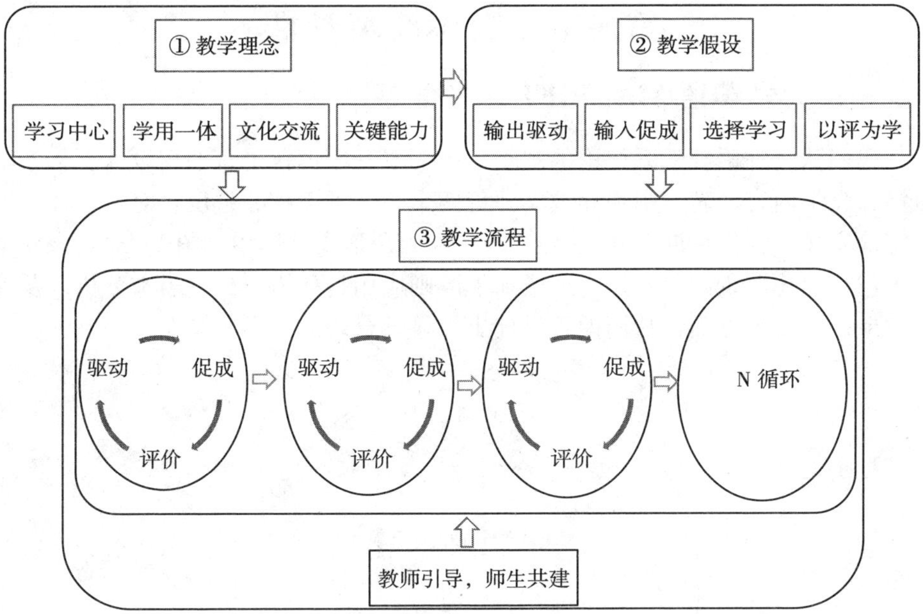

图1-2 POA理论体系（文秋芳，2018）

POA教学流程包括驱动—促成—评价组成的若干循环链。驱动环节主要是通过让学生尝试产出从而认识不足，创造“饥饿感”，调动学习积极性。促成环节主要是教学根据产出任务需要帮助学生完成任务搭建脚手架，通常包括内容、语言和话语结构三部分内容。评价的形式是师生合作评价，依托典型样本，聚焦学生典型问题，旨在提高评价效率（文秋芳，2016；孙曙光，2017；孙曙光，2019）。该理论颠覆了传统的“先输入，后输出”的常规教学顺序。取而代之的是：输出—输入—输出。教学过程起于产出，终于产出。产出导向法在国内被一些高校采用，并取得显著教学效果（刘凌燕等，2018；万玮敏，2020；巴战龙，2020；李楠楠，2021）。

随着中国金课建设目标的提出与推进，有学者开始尝试采用产出导向教学法进行大学英语一流课程建设。研究热点主要是产出导向法对大学英语金课建设的理论框架、模型、策略建构方面的借鉴启示（王丽丽等，2021；张丹，2021）。本研究将采用产出导向教学法的教学理念和教学流程设计教学过程，融合探究式学习与合作学习，开展大学英语教学改革的新尝试。首先，教师设计单元产出目标并进行驱动，激发学生学习驱动力，然后教师通过组织探究式学习与合作学习多种教学活动搭建脚手架，促成学生任务完成，最后教师聚焦学生典型问题开展师生合作评价，共同促进学生英语产出能力的提升。

第四节　教学改革举措

一、大学英语 MACPIFT 教学体系

我们认同外语教学系统论的观点，根据泰勒原理，语言课程设计要将教学目标、教学内容、教学组织和教学评价四个要素置于核心地位，对各个环节进行统筹安排。我们认同 Nation 等（2010）的课程设计模型（图 1-3），该模型除了包括上述课程四要素外，还增加了原则应用、环境分析、需求分析以及课程效果评估四个方面，从而课程设计更加科学合理。

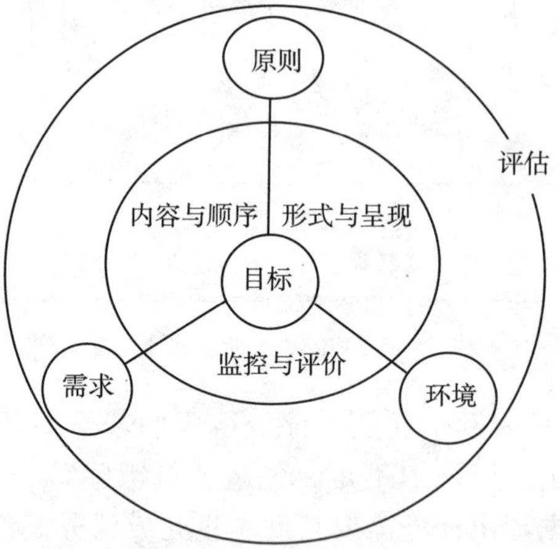

图 1-3　Nation 等的课程设计模型

在 Nation 等的课程设计模型指导下，我们要考虑如下问题：

一是大学英语教学秉承的教学理念是什么？鉴于以学生为中心的教学理念

存在教师作用边缘化的问题，我们认同以学习为中心的教学理念，从而保障有效教学的发生。

二是大学英语教学环境是什么？随着“互联网+教育”的迅猛发展，线上线下混合式金课已经成为中国五大金课建设的一个重要形态。“网络原住民”大学生的学习习惯具有移动学习和泛在化学习的特点。将教学与网络信息技术进行深度融合是当代教学改革的必然趋势。

三是大学生的学习需求是什么？需求分析帮助我们了解学生的学习需求，从而更好地为学生提供学习内容。

四是大学英语教学的培养目标是什么？或者说结合学校实际，学校的大学英语教学培养目标定位在哪？《大学英语教学指南》（2020 版）明确提出大学英语的教学目标是培养学生的英语应用能力。本校的人才培养目标是具有家国情怀、知农爱农的高素质应用型人才。我们把培养学生的家国情怀和英语产出能力作为新一轮大学英语教学改革的重要目标。

五是大学英语教学内容、教学组织形式和教学评价如何设置？我们在学生需求分析的基础上，确定主要教学内容，主要采用产出导向法和线上线下混合式教学模式开展教学实践，综合利用总结性评价和形成性评价相融合的课程评价方式对学生课程学习情况进行全面客观评价。

为了更好地满足学生的学习需求，我们设计了调查问卷，通过学习通发放，共发放 846 份，回收 726 份，回收率 85.8%，因此所得数据比较可靠。根据问卷数据分析（图 1－4），学生的学习需求主要有大学英语四级考试技

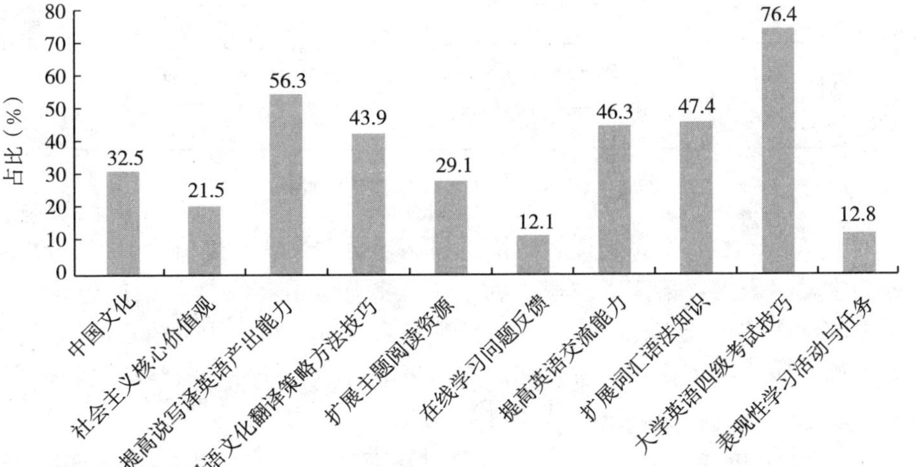

图 1－4　大学英语课程学生学习需求分析

巧、提高说写译英语产出能力、中国文化与社会主义核心价值观、扩展词汇语法知识、提高英语交流能力、母语文化翻译策略方法技巧六个主要方面，所占比例分别为76.4%、56.3%、54%、47.4%、46.3%、43.9%，可概括为大学英语四级考试、中国文化及翻译、英语交流与产出能力、英语词汇语法四个方面。基于此，本次教学改革重视中国文化与社会主义核心价值观的融入和价值引领，采用产出导向法设计整个教学流程，培养学生说写译产出能力，在教师促成环节，加强词汇语法知识学习和交流能力培养，同时依托四级考试题型进行说写译技能的训练。

秉承课程整体论和系统论，以及鉴于学生需求分析，教学团队对教学目标、教学内容、教学方法、教学评价进行了整体设计与规划，构建了MACPIFT教学体系（图1-5）。

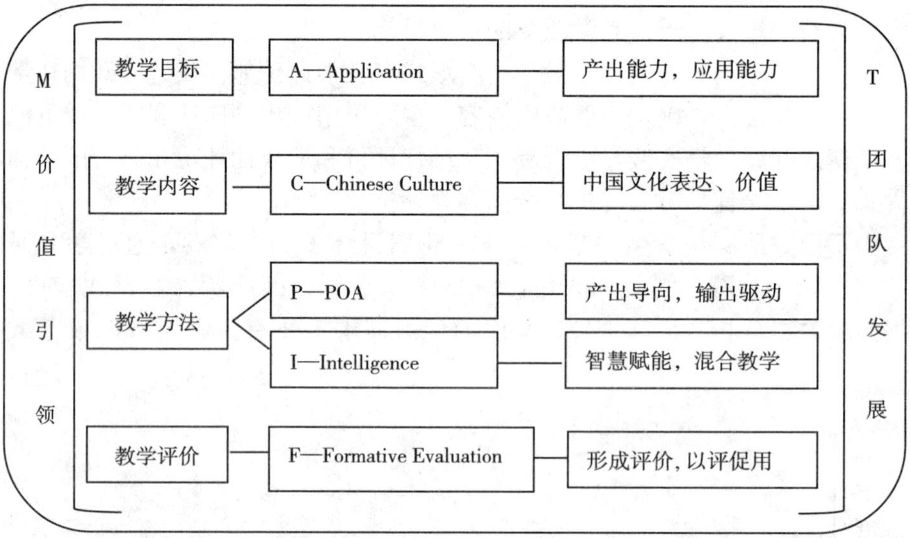

图1-5 MACPIFT混合教学设计模型

M代表Moral，意思是该教学体系强调社会主义核心价值观引领，旨在培养社会主义接班人，落实立德树人的根本任务。充分挖掘教材中的思政元素，包括中国优秀的传统文化、正确的世界观和人生观、社会主义核心价值观、高尚的道德品质等，依托教材主题和课文，将语言学习任务、教学活动和语言实践项目有机融入教学内容中，从而对学生进行正确的价值引领。

A代表Application，指教学目标为培养学生的英语应用能力。青岛农业大学是一所地方应用型本科院校，作为山东省首批应用型人才培养特色名校建设单位，以培养品德高尚、具有家国情怀、实践能力强的高素质应用型人才为目标。为了实现目标，我们根据教材单元主题设计多样化的英语产出任务和贯穿教学实践过程的语言实践活动，逐步培养、提升学生的英语综合应用能力。

C代表Chinese Culture，意思是依托教材单元主题充分挖掘课程中的中国文化元素和优秀传统文化。采用显性教育和隐形教育相统一的方式，进行社会主义思想道德教育，培养学生的中国文化认同和文化自信。

P代表Production-Oriented Approach，也就是产出导向教学法。该教学方法颠覆了传统的先输入再输出的教学流程，采用任务驱动—促成—产出—评价的教学流程，旨在提高学生的英语产出能力。产出导向教学法起于产出，终于产出，充分体现了学习为中心的教学理念，发挥了学生与教师的双主体作用，助力学生英语应用能力的提升。

I代表Intelligence，指教学实践充分利用网络教学平台进行智慧赋能，采用线上线下有机融合的混合教学模式。根据布鲁姆教育目标分类学，遵循从低阶到高阶思维技能的认知难度递增原则，构建多样化的层级式学习任务，将语言知识、听说读写译技能知识、中国文化内容、配套练习、话题观点讨论等放到线上进行，将教师反馈、学生任务展示、语言技能训练、观点评论等放到线下，实现线上线下有机融合。

F代表Formative Evaluation，指形成性评价，重视学生在线学习表现和课下学习表现。形成性评价占比由改革前的25%变为改革后的50%，包括线上学习、语言实践活动、课堂上表现性学习活动以及课堂表现等部分。

T代表Team Development，指团队发展。教学团队分工协作，建立开展混合式教学的线上教学微课、设计学习任务，制作上课电子PPT课件，开展教学研究。团队成员通过共同建课、备课、磨课、研课，实现共同发展。

二、“文化知识＋思政案例＋实践活动”的三模块育人框架

为了贯彻落实立德树人的根本教育目标，有效解决大学英语课程语言学习和思政教育“两张皮”问题，本教学改革构建了“文化知识＋思政案例＋实践活动”的三模块育人框架（图1-6）。根据单元主题和课文内容，设计三个思政模块的学习内容与任务，呈现形式有文字、图片、视频。一是文化知识模块，依据教材的单元主题和课文内容，查找中国文化元素，融入中国优秀传统文化，进行中国文化拓展。该模块主要是通过中国文化说写译的语言技能训练，提升学生的中国文化英语表达能力。二是思政案例模块，依托确定的教材

思政内容，选取具有教育价值的人物与事件撰写文字版思政案例和制作视频思政案例，通过组织学生互动交流评论，提高学生的辩证思维能力。三是实践活动模块，依托单元主题，设计多样化的课程实践活动，包括演讲、辩论赛、读书汇报、我来讲中国故事视频制作等形式，旨在内化社会主义核心价值观，培养学生正确的世界观、人生观和价值观。该框架有利于实现课程思政育人目标的知识传授、能力培养、价值塑造的三者融合，增强中国文化认同，切实落实立德树人根本教育任务。

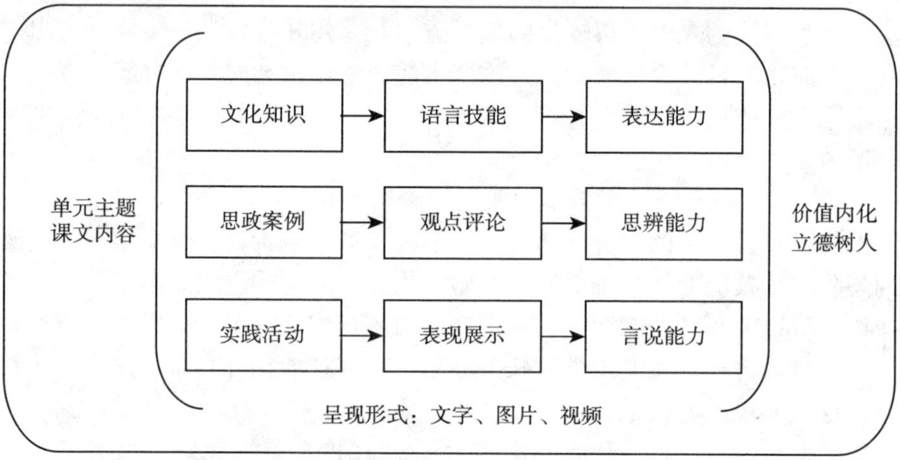

图 1－6　“文化知识＋思政案例＋实践活动”的三模块育人框架

我们使用的教材是《全新版大学进阶英语综合教程》（上海外语教育出版社），以第 3 册为例（因为教学时数限制，共讲授 5 个单元）。基于三模块育人框架，我们设计了第 3 册的育人三模块（表 1－1），每个单元都包括文化知识、思政案例两个模块，整个教学过程开展 4 次语言实践活动。

表 1－1　《全新版大学进阶英语综合教程 3》的育人三模块内容

单元	文化知识	思政案例	语言实践活动
Unit 2 Conspicuous Consumption Text：Who Are the Joneses and Why Are We Trying to Keep Up with Them?	①中国传统幸福观：知足常乐；②修身养性：静以修身，俭以养德；③正确金钱观：取之有道，用之有度	①（视频）反面案例：郭某某；②（文字）正面案例：时代楷模——杨善洲	实践 1：课堂辩论赛——炫耀性消费利大于弊还是弊大于利？

（续）

单元	文化知识	思政案例	语言实践活动
Unit 3 Cultural Differences Text: How My Chinese Mother - in - Law Replaced My Husband?	①中国饮食文化；②中国集体主义：戴口罩共同抗疫；③中国传统家庭结构及好处	①（文字）美国游泳天才：菲尔普斯拔罐案例；②（文字）钟南山与美国学者召开新冠话题视频会议；③（视频）一对跨国夫妻的相处之道	实践 2：小组演讲——人工智能的未来
Unit 4 Emerging Adulthood Text: Is 30 the New 20 for Young Adults?	①中国古代成年礼：加冠和及笄；②中国传统理念中成年的标准	①（文本）莆田学院医学院学生连夜奔赴抗疫一线的事迹；②（视频）TED 演讲：20 岁到 30 岁是你最不可挥霍的光阴	实践 3：读书汇报会——英文故事，包括故事内容、收获与启示
Unit 5 Digital Age Text: Alpha Go: Using Machine Learning to Master the Ancient Game of Go	①中国四艺：琴棋书画，尤其是围棋的规则；②孔子的思想	①（视频）围棋体现的中国智慧；②（文字）创新：智能机器人，无人驾驶车，刷脸支付	实践 4：小组视频制作——我来讲中国文化故事
Unit 6 Determination Text: The Lawyer Who Became DuPont's Worst Nightmare	①中国生态观：顺应自然，天人合一；②中国环境保护的措施	①（视频）坚定的教育者：张桂梅；②（文字）习近平生态文明思想	

具体的课程思政过程以《全新版大学进阶英语综合教程 3》的第 2 单元 Conspicuous Consumption（炫耀性消费）为例进行说明。在第 2 单元中，根据单元主题，我们有机融进了中国传统幸福观——知足常乐，让学生理解真正的幸福快乐来自心灵的内在而不是外在的满足；介绍了古人修身养性的观点，如静以修身，俭以养德，引导学生树立勤俭节约的良好美德；导入了古人正确的金钱观，即君子爱财，取之有道，用之有度。我们选取了“郭某某炫富事件以及带来的后果”作为思政案例，制作了视频，并配上英语讲解，上传网络教学平台供学生自学，让学生了解郭某某炫富以及不法敛财带来的后果。基于视频，配备了相关英语知识判断题并且设计了反思讨论题：郭某某事件带给我们的启示是什么？我们应该炫富吗？为什么？我们应该建立什么样的消费观？通过

这个思政视频的学习，让学生树立合理适度的消费观、君子爱财取之有道的金钱观、遵纪守法的法律意识。在反思郭某某事件的过程中，通过评论，提升学生的辩证思维能力。同时，我们在课堂上导入了时代楷模杨善洲的案例，引导学生树立积极向上的生活态度，不追求纸醉金迷的生活，而应该努力奉献社会、实现自我价值。我们结合单元主题，设计了英语实践活动：课堂辩论赛——炫耀性消费利大于弊还是弊大于利？该辩论赛在课堂进行，鼓励学生大胆展示和表现自己，通过辩论，提升学生的思想价值和表达能力。可见，“知识＋评论＋活动”三模块的育人路径有助于课程思政知识、能力与素养目标的达成。

三、线上线下层级式混合教学模式

当前本校大学英语教学模式主要存在以下三点不足：一是在线课程的教学内容主要依托在线开放平台提供的 MOOC 课程进行，缺乏依托教材内容的 SPOC 课程，导致线上学习内容与教材内容的融合度比较低，无法保证学生学习内容的连贯性、完整性和延续性；二是线上学习内容主要包括语法词汇知识和写作技能训练，缺乏听说技能训练，不利于培养学生的听说能力；三是线上学习任务形式以封闭型学习任务为主，缺乏开放性与渐进性，不能激发学生学习动力。针对上述问题，我们自建大学英语 SPOC，构建层级式混合教学模式。

1. 自建大学英语 SPOC

针对上述问题，教学团队自建了与课堂授课内容高度融合的大学英语Ⅰ至Ⅲ的 SPOC 课程，提供了丰富的在线学习资源。大学英语Ⅰ至Ⅲ分别录制 38 个、55 个、46 个授课视频，视频总长分别为 348 分钟、660 分钟、625 分钟，非视频资源分别为 27 个、70 个、89 个。教材学习资源库包括课文解读、听力练习、读写练习、翻译练习、思政视频、教材课后练习自主学习六个模块，呈现形式有 Word 文件和微课两种形式，练习涵盖听说读写译五种技能，包括语法词汇测试、阅读练习、写作练习、主题讨论、观点评论等（表 1－2）。

表 1－2　大学英语线上学习资源

模块	学习内容	材料描述
课文解读	课文详解，语法讲解	课文精读练习，语法测试，词汇测试
听力	听力技能讲解	课文听写，听力测试
读写	选词填空讲解，写作技能讲解	长篇阅读练习，精读练习，写作练习
翻译	翻译技能讲解	段落翻译练习
思政视频	文化知识/事件案例	语言理解测试，主题讨论，观点评论
教材课后习题	讲解	相关练习

另外，根据布鲁姆教育目标认知分类学，我们给微课视频和相关学习资源设计了多样化的层级式学习任务。大学英语Ⅰ至Ⅲ的题库题目数量分别为250个、823个、441个，涵盖记忆、理解、应用类的低阶思维技能和分析、评价、创造类的高阶思维技能，认知难度由低阶到高阶循序渐进，符合学生学习由易到难的认知规律。练习设计形式不仅有选择、判断等封闭型，还有评论、汇报、演讲等开放型，注重培养学生解决复杂问题的综合能力和高级思维，充分体现课程的高阶性。

2. 应用U校园在线平台进行听说训练

U校园学习平台是北京外语教学与研究出版社Unipus旗下的在线学习平台，为高等院校外语教学提供混合式教学解决方案。该平台实现了学、练、测、评一站式交互体验，其学习内容生动有趣，教学工具科学有效，是集趣味学习与智慧教学为一体的教与学平台。2018级开始，我们给学生选用了U校园平台提供的《新视野大学英语听说教程1—4》在线学习内容，供学生课后进行听说训练，旨在提高学生的听说能力。该套教材的每册书包括8个单元，题型包括长对话、篇章听力、新闻听力、角色扮演人机对话、报告听说练习等，基本涵盖了大学英语四六级考试的听力题型。该套听说教材使用非常方便，有电脑端和手机App客户端两种形式。学生通过手机App客户端不仅可以实现随时随地学习，还可以随时查看自己的学习结果，查阅答案，进行自我修改。教师通过手机App客户端可以随时查看学生学习情况，包括学习时长、学习进度、任务完成情况、任务完成正确率、学生错题等，从而为教师进行学习指导提供参照数据。

我们统一给学生设置课程学习进度，要求学生4个学期完成教材第1至4册的学习内容，每个学期完成1册书的学习内容，时长不低于5个小时。我们设置学生的课程学习成绩比例为教程成绩占60%、教程学习时长占40%，以鼓励学生反复学习。教材的在线系统提供每个单元的学习情况综合分析报告，内容包括学习时长和单元成绩，并根据两类数据提供学习建议指导（图1-7）。在线系统也提供学生完成情况、学生学习任务完成率、班级成绩在全校的排名、学生成绩分布、单元的班级成绩与全校成绩对比等数据。教师通过教材在线平台随时跟进学生的学习情况，定期进行学习提醒，督促学生及时完成任务。同时，教师根据以上数据针对学习任务存在问题进行课堂反馈，帮助学生提高学习效果，并关注学习时长和成绩偏低的学生，给予学生及时的指导帮助。

3. 构建线上线下有机融合的层级式混合教学模式

教学团队分工协作，基于教材《全新版大学进阶英语综合教材》，自建了与授课内容高度融合的大学英语Ⅰ至Ⅲ的SPOC课程，提供了丰富的在线学习

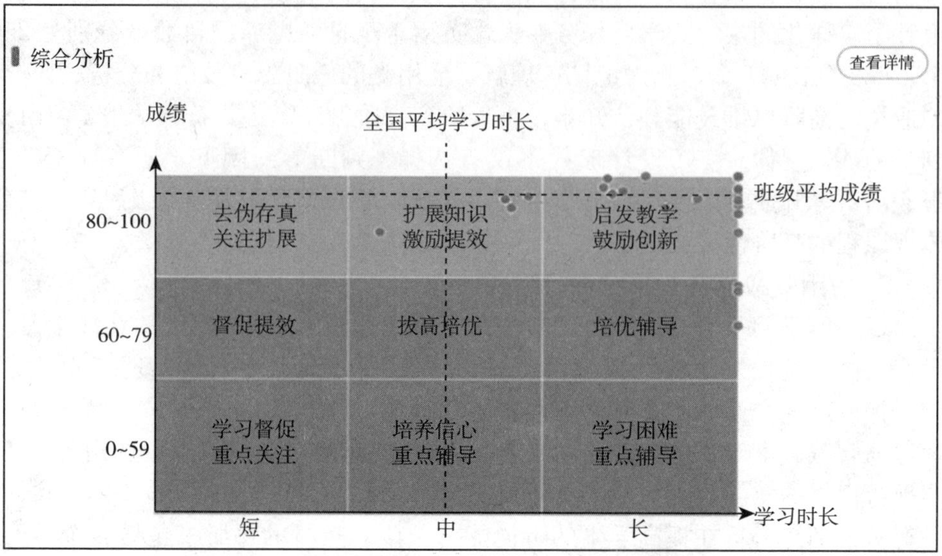

图 1-7 《新视野大学英语听说教程》单元在线学习情况综合分析

资源。线上教学资源包括课文解读、听力练习、读写练习、翻译练习、思政视频、单元练习六个模块。根据布鲁姆教育目标认知分类框架，我们设计了多样化的层级式学习任务，涵盖听说读写译五种技能，包括语法词汇测试、阅读练习、写作练习、主题讨论、观点评论、网络回帖等。参照布鲁姆教育目标认知分类层级，将记忆、理解、应用的低阶思维技能学习任务上传到学习通网络教学平台，供学生线上自主学习，将分析、评论、创造的高阶思维技能学习任务主要放到课中和课下完成。线上线下有机融合、层层递进、环环相扣，形成了适合本校学生的大学英语层级式混合教学模式（图 1-8）。该模式包括课前、课中和课下三个教学模块。

（1）课前线上学习。学生通过学习通网络教学平台了解并尝试完成单元产出任务，进行课文学习、技能训练、文化学习。课文学习主要关于语法与词汇，如课文详解、长难句、重点句型、词汇辨析等。技能部分涵盖听说读写译，包括大学英语四级听说读写译技巧讲解以及根据课文内容设计的配套练习。听说练习包括课文段落的填空式听写、根据课文音频内容进行评论的口语任务、课文主题相关听力素材的泛听练习与综述。阅读技能包括长篇阅读和仔细阅读练习两种形式。写作练习包括四级作文真题写作、基于课文主要文本特征设计的分类、对比等写作技巧练习、单元产出任务写作。翻译练习包括四级真题段落翻译、半句翻译、课文综述段落翻译。文化部分主要是依托教材内容

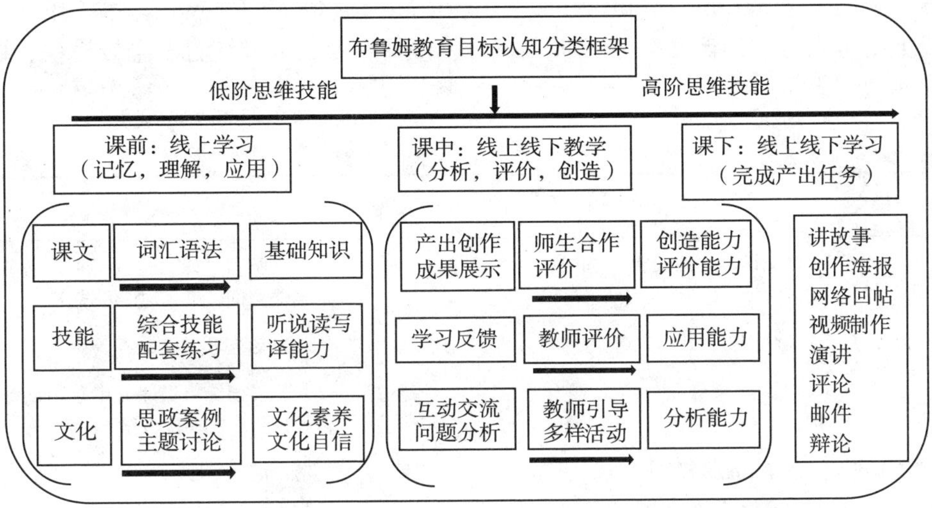

图 1-8　基于自建在线学习资源的大学英语混合教学模式

挖掘的中国文化相关语料、基于课文主题制作的主题思政视频，以及相关习题，旨在帮助学生理解中国文化，培养学生中国文化素养与文化自信，融入社会主义核心价值观，实施高尚的思想品格教育。

（2）课中线上线下教学。教师课上教学活动主要分为三个部分。第一个部分是学生展示前一单元产出成果，教师开展师生合作评价，聚焦学生的典型问题，提高反馈效率，培养学生的创造和评价能力。第二个部分是教师针对学生线上学习情况进行反馈和答疑，讲解线上学习存在的主要问题并针对问题设计练习，巩固知识与提高学生的知识应用能力。第三个部分是教师围绕当前单元产出任务进行促成，借助学习通网络教学平台开展合作式、自主式、探究式多样化的教学活动，分析教材内容的重难点，拓展中国文化知识并分析中国文化元素蕴含的思想价值，组织观点辩论交流活动和配套写译练习，提高学生的问题分析能力。

（3）课后线上线下学习。基于课中教师促成，学生完成单元产出任务，如创作主题海报、网络回帖、英语回复邮件、演讲准备、我来讲中国文化故事等；教师浏览学生的产出任务，查找典型问题，选取典型样本进行详批，设计巩固练习，为课上开展师生合作评价做好准备。

4. 教学示例

《全新版大学进阶英语综合教程 3》的第 4 单元 Emerging Adulthood（成人初显期）。

（1）课前线上学习。前一次课确定本单元产出任务，中美大学生演讲比赛，主题是 Emerging Adulthood Is Important for One's Growth。第 4 单元的线上学习内容包括课文解读、听力练习、读写练习、翻译练习、思政模块、单元测试（表 1－3）。

表 1－3　第 4 单元线上学习内容

学习模块	学习内容	形式	练习
课文解读	课文详解，课文重要词链，动名词讲解	文字，视频	课文听写，课文精读练习，动名词语法测试，单元词汇测试
听力练习	长对话听力技巧讲解	视频	长对话练习 1 和 2
读写练习	长篇阅读技能讲解，写作技能讲解	视频	长篇阅读练习，课文主题精读练习，四级作文模拟写作
翻译练习	翻译技能讲解	视频	篇章翻译练习
思政模块	有关成人初显期的表现及建议的视频资料	视频	观点判断题，线上主题讨论：成人初显期的积极影响和负面影响

（2）课中线上线下教学。第 1 步，教师进行线上学习检查，检查形式是重点词汇和短语的翻译，重点词汇的句子填空。

第 2 步，开展文化拓展和主题讨论，包括中西对成年的重视，不同文化中的成年标准，如男子加冠和女子及笄礼，中国民法通则对成人年龄的规定，欧美国家对成人礼的重视。基于文化拓展，引导学生思考如何对文化现象进行表达和翻译。开展文化讨论，基于一篇课外阅读材料，讨论中西成年的不同标准。通过讨论培养学生跨文化知识和意识，同时融入责任、独立等高尚的人格品质。材料如下：

Researchers have looked closely at "the Big Three" criteria for becoming an adult，the things people rank as what they most need to be a grown－up：taking responsibility for yourself，making independent decisions，and becoming financially independent. These three criteria have been ranked highly not just in the U. S.，but in many other countries as well，including China，Greece，Israel，India，and Argentina. But some cultures add their own values to the list. In China，for example，people highly valued being able to financially support their parents，and in India people valued the ability to keep their family physically safe.

第 3 步，学习通讨论你是否成年，同时导入 Jeffrey Jensen Arnett 2017 年提出的 Emerging Adulthood（成人初显期）这一概念。旨在反思自己是否已经长大。

第 4 步，基于课前网课学习，引导学生分组讨论课文中成人初显期的主要表现和特征，完成信息匹配练习。

第 5 步，通过选词填空形式完成成人初显期的总体概述。围绕初显期特征，让学生分组举例说明。

第 6 步，采用“主题句＋支撑句”的段落结构，两人一组完成一段成人初显期特征的段落写作。

第 7 步，组织小组活动，运用所学重点词汇完成一段主题翻译并进行句子翻译实践练习。

第 8 步，组织讨论成人初显期的积极影响和负面影响，借助学习通分享评论观点。

第 9 步，引入思政案例，导入莆田学院医学生连夜奔赴抗疫一线的案例，有机融入思想品德教育，引导学生看到新一代青年人身上的担当、责任、坚韧等高尚品格。

第 10 步，分析成人初显期的负面影响并分析作者的态度。完成一个相关的段落写作。同时分组合作研究：我们该如何应对成人初显期的负面影响？

第 11 步，引入 TED 演讲“20 岁到 30 岁，是你最不可挥霍的光阴”。组织学生学习通主题讨论：成人初显期是生命中可以被忽视的一个阶段吗？为什么？通过讨论，引导学生建立积极向上、努力奋斗的拼搏精神。同时，引导学生评论演讲中“20 岁可以做很多 transformative things（具有影响力的事情)”，积极思考大学时代他们可以做什么，如何抓紧时间努力提升自己。

第 12 步，结合课文阅读，讨论给拥有成人初显期孩子的父母的建议。通过“主题句＋支撑句”的段落结构完成建议写作，并与同伴分享观点看法。

(3）课后线上线下学习。学生完成第 4 单元的产出任务：个人演讲“Emerging Adulthood Is Important for One’s Growth”。教师查看学生演讲稿，分析写作中出现的典型问题，选取学生的作文样本进行详细批阅，针对问题设计巩固练习。同时教师录制围绕典型问题涉及的相关语言知识的微课，上传至学习通，供学生课前自学，为下次课开展师生合作评价做好准备。

四、融合教学法

1. “产出＋合作＋探究”融合教学方法

大学英语教学改革取得了一系列教学成果，但仍然存在费时低效和学用分离的问题。具体表现在以下三方面：一是大学英语教学中教师和学生的双主体地位并未得到彰显，即使是以学生为中心的教学实践也过于强调学生的主体地位，反而弱化教师的主导作用，致使有效教学无法保障；二是大学英语教师普遍“重讲轻练”，注重语言输入、忽视语言输出，致使学生说、写、译能力比较滞后；三是目前大学英语教学中“课文中心”的教学方法依然非常普遍，不能调动学生的学习积极性，也不能保证课文中所学的知识将来能够应用到语言实践中去。鉴于此，我们构建了“产出＋合作＋探究”三法融合的教学方法（图 1－9）。

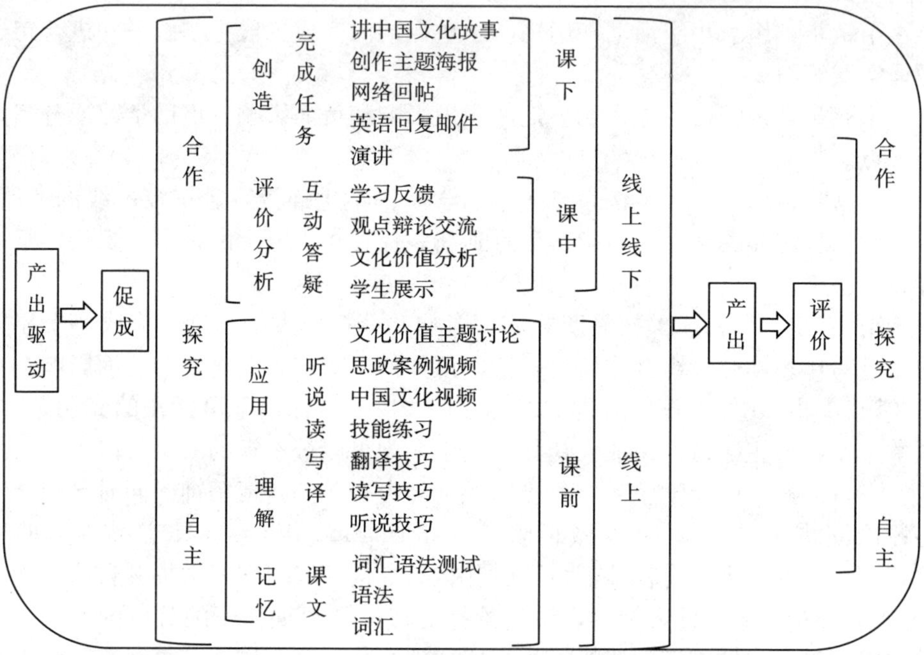

图 1－9 “产出＋合作＋探究”融合教学方法

产出导向教学法重在学生英语产出能力的培养，教学过程是教师进行语言、内容和结构方面的促成，以帮助学生进行英语产出。本次教学改革尝试遵循产出导向教学法的教学流程设计教学过程，包括“产出任务驱动—促成—再产出—评价”。首先，教师进行单元产出任务驱动。然后，教师围绕产出任务进行语言、内容与结构促成，促成环节分线上和线下两个部分，线上主要进行课文基础语言知识和听说读写基本技能的训练与学习，线下课中主要是进行学习反馈、互动交流与学生展示。之后，学生线下完成单元产出任务。最后，教师选取典型样本，聚焦典型问题，开展师生合作评价。在整个产出导向教学过程中，教师采取自主、探究、合作式的教学方法，鼓励学生自主学习，探究解决问题与完成任务的方法方案，合作完成系列学习任务与活动，旨在提高学生的课堂参与度以及自主学习能力。

该教学方法的实施关键是按照产出导向教学法的要求设计产出任务。产出任务需要满足一个重要条件就是必须具有潜在的交际价值，而且使用语言的场景必须是使用英语。我们通过多次研讨，基于单元主题与课文的典型语言特征，确定了《全新版大学进阶英语综合教程》1～3 册的单元产出任务（表 1-4）。总结而言，产出导向教学方法围绕学生产出任务的完成进行逆向教学设计，“产出任务驱动—促成—再产出—师生合作评价”四个教学过程环环相扣，有机衔接，教师采用自主学习、探究学习与合作学习促成学生任务达成。

表 1-4 《全新版大学进阶英语综合教程》1～3 册单元产出任务

单元	主讲课文题目	产出任务
B1-1	Janitor Filipaj, the dream pursuer	中美大学生演讲：My dream job
B1-2	All grown up and still in tow	回应 China Daily 专栏话题：Whether the freshmen should be accompanied by their parents for enrollment?
B1-4	Li and me	在青岛举行的一个国际会议上，一位外国友人惊叹中国的翻天覆地的变化。你作为志愿者向外国友人介绍一位你最喜欢的中国领导人所做的贡献
B1-5	What's the world to do about water?	书信：给美国朋友回复一封确认中国水资源严重匮乏的电邮，介绍中国水资源短缺的现状、形成原因和当前高校大学生对水资源短缺所采取的行动
B1-6	14 days (Almost no Internet: Did my digital detox pay off?)	领英回帖：Cell Phone Addiction。回应目的是劝说 Susan 相信对手机上瘾不是技术的错，并给她一些有关如何平衡数字生活与现实生活的建议
B2-1	Living off the Grid: How a family of city-dwellers discovered the simple life	在亚利桑那州立大学组织的夏令营活动中，你要介绍给你印象最深刻的地方——美国小卡小镇
B2-3	Why do friendships end?	参加本校举行的中外留学生写作大赛，题目是如何保持友谊
B2-4	Destination: College, USA	你作为青岛农业大学国际交流学院的国际交流中心的一名志愿者，制作一份中国现代文学课程的英文课程简介，供国际留学生选课参考
B2-5	Pioneers of flight	今年暑假你将参加某教育机构组织的去美国耶鲁大学的夏令营（Summer Camp）活动，夏令营组织了很多中美大学生交流互动活动，其中一个活动是进行一场主题为“航天梦想”的题目为“我最敬佩的飞行开拓者”的主题故事演讲比赛。比赛前你需要准备一份“我最敬佩的飞行开拓者——杨利伟”演讲稿

（续）

单元	主讲课文题目	产出任务
B2 - 6	In China, lessons of a Hackerspace	新车间正在举行一个中外创客作品展示大赛，要求作品介绍语言使用英语，创客作品设计任务是“一棵会说话的树”。展示内容包括作品的设计图纸、你对作品的评价、作品功能与作用以及你的设计感受。完成任务：制作一张按照你的设计理念来设计的创客作品“一棵会说话的树”的图纸，并撰写作品简介
B3 - 2	Who are the Joneses and why are we trying to keep up with them?	给美国留学生 Jack 回帖，回应三个问题：①大学生炫耀性消费的原因是什么？②炫耀性消费能带来幸福吗？为什么？③如何理性消费？
B3 - 3	How my Chinese mother - in - law replaced my husband?	给作者 Ember Swift 写邮件，探讨两个问题：①婆婆代替儿子承担照顾孙子孙女的现象在中国普遍吗？为什么？②关于婆婆、丈夫以及妻子三者家庭角色的建议是什么？
B3 - 4	Is 30 the new 20 for young adults?	场景是中美大学生主题演讲比赛，演讲主题是 Emerging Adulthood Is Important for One's Growth
B3 - 5	AlphaGo: using machine learning to master the ancient game of Go	你如何评论 China Daily 发布的这一新闻事件：AlphaGo defeats Lee Sedol 4 - 1 in historic Go match on March 15, 2016。包括两个问题：Why does AlphaGo beat Lee Sedol? What we do with AI for human?
B3 - 6	The lawyer who became DuPont's worst nightmare	在社交平台领英上发表关于 The lawyer who became DuPont's worst nightmare 的评论

2. 教学示例

《全新版大学进阶英语综合教程 3》第 5 单元 Digital Age。

(1) 第 1 个教学环节：产出任务驱动。

①学生分组讨论。教师举例中国移动客服机器人“移娃”说明人工智能（AI）在我们生活中应用的例子。学生分组讨论 some examples of AI use in our life。

②导入产出任务。引入中国日报 2016 年发布的一个新闻报道，新闻报道如下：

Google's Go - playing computer program AlphaGo on Tuesday ended a historic match of the ancient Chinese board game with Go grandmaster Lee

Sedol of South Korea by taking a 4 - 1 lead with its fourth victory in the final match of the best - of - five series.

教师指出单元产出任务：你如何评论 China Daily 发布的这一新闻事件“AlphaGo defeats Lee Sedol 4 - 1 in historic Go match on March 15，2016”。包括两个问题：AlphaGo 为什么能够打败 Lee Sedol？我们可以在哪些方面利用 AI 让人类受益？

学生尝试完成产出任务，教师课堂观察学生完成任务遇到的主要问题，课后进一步修订授课目标和计划。

(2) 第 2 个教学环节：线上促成。

①线上发布产出任务。

②观看选词填空技能讲解视频，完成配套的 10 个选词填空练习，同时完成课后选词填空练习（AI 相关的重点词汇）。

③观看重点句型“it is the first time that…”以及同类句型的视频讲解，完成配套选择题练习，同时完成课后同题型练习（描述 AI 历史发展时用到的一个句型）。

④观看四级翻译技巧和策略视频讲解，完成翻译单选题练习与有关围棋的一段段落翻译（中国文化表达能力）。翻译材料如下：

围棋，是一种策略型两人棋类游戏，中国古时称“弈”，西方名称“Go”。流行于东亚国家（中、日、韩、朝），属琴棋书画四艺之一。围棋起源于中国，传为帝尧所作，春秋战国时期即有记载。隋唐时经朝鲜传入日本，流传到欧美各国。围棋蕴含着中华文化的丰富内涵，它是中国文化与文明的体现。

⑤观看一个关于 AlphaGo 的视频，在学习通讨论以下三个问题：AlphaGo 的三个重要组成部分是什么？AlphaGo 和李世石比赛的结果是什么？你看完视频的感想是什么？你会为 AI 的快速发展感到兴奋吗？为什么？

(3) 第 3 个教学环节：课上促成。

①基于课文第一段内容，拓展中国文化。

主题讨论：中国古代文人的四艺是什么？如何翻译琴棋书画？你最喜欢哪种艺术？为什么？四艺塑造了什么样的人格品性？基于讨论，引导学生关注耐力和智慧的重要性。

对子讨论：围棋的规则是什么？围棋体现了什么中国文化内涵和价值观？如下棋取得优势时，既不能得意忘形，也不能固步自封，启示我们要谦虚要创新；围棋落子无悔，启示我们讲求诚信，学会勇于承担责任。

对子讨论：你对孔子以及孔子思想的了解。教师引导学生分析来自《论语》的一些至理名言，如：学而不思则罔，思而不学则殆；敏而好学，不耻下问；知之者不如好之者，好之者不如乐之者；三军可夺帅也，匹夫不可夺志也。

师生讨论：如何翻译这些名言？给予了我们什么启示？引导学生养成重视学习和善于思考、敢于质疑和懂得谦虚、培养兴趣和树立志向的美好品质。

②线上学习内容检测。学生分组讨论 AlphaGo 的三个主要部分的功能 Policy network、Value network 和 Tree search，以词汇填空形式进行检查。

③在线围棋段落翻译反馈。聚焦主要问题：句子之间缺乏连接词。例如，"Weiqi contains the rich connotation of Chinese culture，it is the embodiment of Chinese culture and civilization"，此句中间应该加一个连接词 and。

④对子讨论。为什么 AlphaGo 可以打败人类？首先，教师引入围棋及其规则，指出围棋是非常复杂的一个棋类游戏。完成一段有关围棋的段落翻译。让学生阅读课文和搜索网络分析 AlphaGo 打败人类的原因。教师引导学生得出判断：AlphaGo 打败李世石的重要原因在于创新。

⑤完型填空：分析 AlphaGo 不断创新的历史发展过程。

⑥主题讨论：如何培养我们的创新思维？AI 的发展是福还是祸？培养学生的辩证评论能力。

⑦课堂分组辩论：AI 的发展是福还是祸？

⑧观点分享，深度思考 AI 带给人类的好处及如何正确使用 AI 为人民服务。教师举出 AI 可以取代人类在危险地方工作的例子，如在抗洪前线和战地取代记者进行实时报道，引导学生思考 AI 发展带给人类的好处。为了培养学生思辨能力，教师引入 AI 机器翻译取代人类翻译的部分工作，造成失业问题的例子，引导学生全面辩证分析问题。在教师引导基础上，学生分组讨论 AI 发展的利与弊，以及如何正确使用 AI 造福人类，培养学生的应用能力和创造能力。

⑨小组代表课堂演讲 AI 的未来应用。教师分享当前的一些应用，如扫地机器人、无人驾驶车、儿童早教机等。学生分组讨论未来应用并做课堂汇报。

⑩教师点评，布置作业。What kind of smartphone would you design?

(4) 第 4 个教学环节：评价。学生线下完成产出任务，教师课堂开展师生合作评价。

五、混合式师生合作评价

1. 构建混合式师生合作评价形式

师生合作评价是具有中国特色的教学理论产出导向法创设的新的评价形

式，以应对评价任务重与效率低的挑战。该评价方式以“以评为学”（Assessing is Learning）为基本理念，评价过程重在教师引领和师生共建，旨在评价典型样本的基础上实现“教、学、评”一体化，具有目标驱动、过程导向和师生合作的特点，是教师评价、学生自评与互评以及机器评价的有益补充。目前该评价方式已经逐渐引起国内一线教师的重视，并取得初步成效。“评价焦点原则”，是师生合作评价的核心原则，直接关系到评价的效果和质量，具体包括典型性、循序渐进性和可教性原则。其三种有效评价手段，包括制定清晰可及评价目标、引导学生发现解决问题和讲评结合。

基于教师学习反馈效率低、学生参与度低、评价效果低的问题，同时考虑到当前网络原居民大学生的移动学习习惯，我们充分利用超星学习通网络教学平台进行混合式师生合作评价方式来评价学生的产出任务。我们构建了混合式师生合作评价教学流程（图 1－10）。

混合式师生合作评价教学流程包括课前、课中、课后三个部分。

（1）课前准备。教师确定学生产出任务中的典型问题作文评价焦点，设定评价目标，选取典型样本进行详批，同时设计相关的课内练习进行加强巩固，然后，教师依托学习通网络教学平台发起典型问题的线上讨论，师生针对问题互动交流。

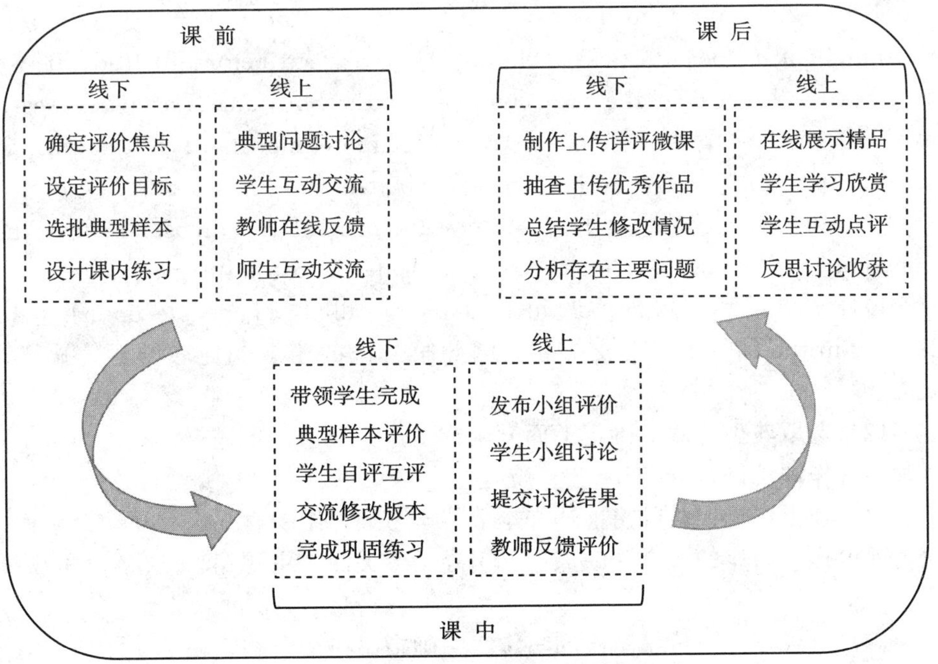

图 1－10　混合式师生合作评价教学流程

（2）课中开展评价。教师带领学生完成典型样本的评价，学生自评或互评产出作品，全班同学交流不同修改版本的优缺点，教师发布一些练习让学生完成，同时教师在线上发起小组评价任务，让学生在线小组讨论并提交讨论结果，教师进行学生评价的反馈。

（3）课后完善与鉴赏。教师把详评过程录制成微课上传网络学习平台，以便于学生课后反复学习内化，教师抽查总结学生的修改情况，旨在反哺未来教学，同时选择优秀作品上传网络供学生鉴赏和点评。

2. 教学示例

《全新版大学进阶英语综合教程3》第5单元 Digital Age 的教学评价部分。

单元产出任务：你如何评论 China Daily 发布的这一新闻事件“AlphaGo defeats Lee Sedol 4－1 in historic Go match on March 15，2016”。包括两个问题：AlphaGo 为什么能够打败 Lee Sedol？我们可以在哪些方面利用 AI 让人类受益？

（1）确定典型问题。通过浏览学生在学习通提交的产出任务：新闻评论——为什么 AlphaGo 可以打败人类以及我们可以在哪些方面利用 AI 让人类受益？发现普遍存在的问题是主题句缺失支撑句，如下面的学生样本：

That's amazing，AlphaGo defeats Lee Sedol 4－1 in historic Go match on March 15，2016. Why did this happened？Not only does it have a powerful algorithm，but it doesn't stick to the moves it learned before. Instead，it uses the moves it learned in the past combined with the Monte Carlo tree search（MCTS） method to find the best moves. And more importantly，it doesn't get tired or make mistakes，and humans can't match that.

Science and technology lead the development of the times. I believe that technology will bring people unimaginable benefits in the future.

该样本中最后一段的主题句 technology will bring people unimaginable benefits in the future 缺乏支撑句，因此第二段的主题句比较空洞，缺乏说服力。

（2）选取典型样本。确定上面学生样本作为典型样本进行详批，为课上开展师生合作评价做好准备。

（3）线上讨论。教师将上述样本上传学习通，组织学生进行互动交流和讨论，评价样本写作的优点和缺点。并引导学生关注“主题句＋支撑句”的篇章写作结构。

（4）引导学生评价第二段的写作。明确指出典型问题是缺乏支撑句，引导学生思考如何撰写支撑句。通过学习通进行讨论，并提交答案。

(5) 拓展支撑主题句的方法。

①例证法。举例说明：AI can help our life more convenient and smart. When sweeping robots，cooking robots，face paying and so on appear in our life，they bring us great convenience. With their help，we save much more time to do other important things and our life becomes more comfortable.

②正反对比法。例如：If without AI，we humans cannot effectively monitor highway overspeed behaviors and capture the relevant information. By the contrast，with AI，we can accurately inspect the traffic on the highway and manage the transportation properly.

(6) 学生分组修改，为第二段的主题句撰写支撑句。通过学习通，提交小组修改结果。

(7) 巩固练习。请学生两人一组合作撰写下面主题句的支撑句。

主题句：The future artificial intelligence will bring us many changes，and correspondingly bring us welfare.

(8) 教师课后录制支撑句撰写方法视频，上传学习通，供学生反复观看。

(9) 教师抽查修改情况，上传优秀作品。引导学生欣赏作品的写作优点。优秀样本举例：

According to the news events published by China Daily，I think the reason why Alphago can beat Lee Sedol is that Alphago does not just mimic the human brain. To win，Alphago plays thousands of games move against itself in its head，and develops new strategies to improve itself through constant contact. Besides，Alphago has amazing computing power that humans can't achieve.

Artificial intelligence has penetrated into people's life and played an important role in facilitating life. Common fingerprint recognition and face recognition on our mobile phones are all applications of artificial intelligence closely related to our lives. In the field of advanced science，artificial intelligence also takes on a large number of complex computing functions that the human brain cannot carry out. In manufacturing activities such as machine building，artificial intelligence robots also have better performance than humans in precise control and micro operation.

六、连动式教学管理机制

秉承“一个也不能掉队”的教学管理原则，为了更好地保障教学效果，我们充分利用网络教学平台和手机微信构建了八步连动式教学管理机制（图 1-11），具体包括“发布＋通知＋预警＋接龙＋提醒＋反馈＋评价＋展示”八个教学管理环节。

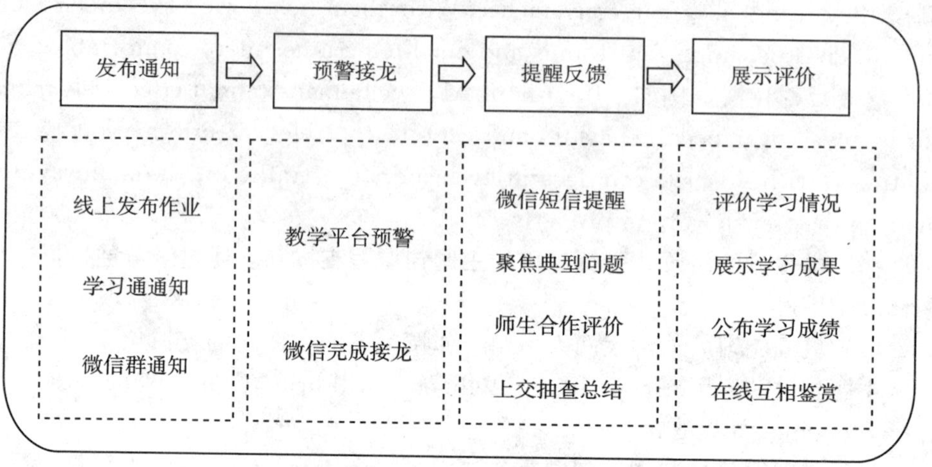

图 1-11　八步连动式教学管理机制

具体流程如下：

第一，教师通过学习通发布作业，通过学习通和微信班级群发布群公告通知学生有新的作业需要完成。

第二，教师通过学习通网络教学平台设置提交作业预警，提醒学生作业完成的到期时间，同时微信群让学生进行完成接龙，起到督促作用。

第三，教师在微信上对未完成学生进行提醒，旨在让所有同学能够及时提交作业。提交后，教师选取典型样本聚焦典型问题进行详批，课上开展师生合作评价，进行反馈，学生修改提交后，教师进行抽查并总结修改情况。

第四，课上教师进行在线学习情况的整体评价，同时展示优秀学习成果，并在微信群进行学习成绩公示（个人信息脱敏处理），线上通过学习通转发功能在讨论区展示更多优秀成果，供学生互相赏析学习。

八步连动式教学管理机制充分保障每一个同学都能及时完成作业和相关教学活动，让学生学有所获、学有所成，从教学管理的机制方面确保学生的有效学习。

七、形成性评价

2018 年前课程总评主要是终结性评价，期末考试占 70%，平时表现占

20%，考勤占10%。本教学改革重视学生学习过程，加大了过程性考核比例，调整后，形成性评价和终结性评价各占50%，形成性评价包括学习表现40%和语言实践10%（图1-12）。学习表现包括在线学习成绩、U校园听力和考勤三部分，分别占25%、10%和5%。在线学习包括在线视频学习、在线测验、在线讨论、单元产出作业、课堂互动、小组任务等。U校园听力主要是《新视野大学英语听说教程》，课程实践包括：讲述中国文化故事、家乡习俗PPT汇报、英语原著读书报告、最美中国视频制作等。终结性评价是期末考试，包括听力、写作、阅读和翻译。

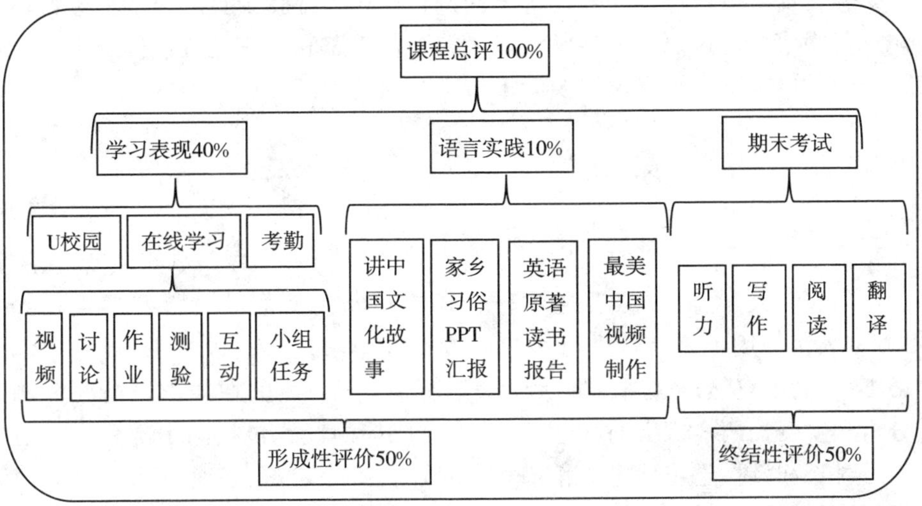

图1-12　课程考核成绩占比

八、教师专业发展工作坊

2012年成立了规范化的教师专业发展共同体，随着在线教育的开展，2020年起依托腾讯会议与微信手段开展教研活动，建立了“虚拟+现实”的教师专业发展工作坊，目前包括15人，其中副教授3人，青年骨干教师5人。工作坊制定了如下规章制度：

1. 定期开展教研活动

教研活动包括集体备课、专题研讨、教学观摩和校际交流。基于课程建设需求，定期开展教育理论、课程设计、教育技术等主题研讨会，会议专题包括如何提高教学设计的逻辑性，如何提高教学任务的“两性一度”，如何建设课程思政，如何三全育人，如何提高课堂活动的有效性等专题活动。

2. 建立了课程组成员定期学术培训机制

学术培训机制包括校内主题研习和校外学术交流。校内主题研习主要围绕如何开展课程建设。组织教师学习最新的课程改革政策、第二语言教学理论等，具体包括科研工具SPSS统计软件的学习、科研方法学习。除此之外，共同体还鼓励教师参加校外的线上、线下学术讲座和会议，紧跟课程建设发展前沿，为我校大学英语课程建设寻求最佳发展方略。

3. 建立了课题协同申报机制

共同体组织课题申报集体讨论会，成员一起就选题、文献查阅、研究方法、研究设计、可行性、受益面等方面进行研讨，并就撰写的申请书进行逐字逐句反复修改。通过研习，教师可以了解写作思路和写作规范，提升学术语言表述能力、申报书撰写能力以及学术论文写作能力。

第五节　改革教学效果

一、学生U校园在线学习效果分析

青岛农业大学2018级普通本科、春招和外包及艺术类所有学生，共计7 200多人都使用了该平台进行该教程的在线学习。下面以2018级春招学生金融1～2两个自然班《新视野大学英语听说教程1》的在线学习情况为例进行分析和说明。两个班级的学生共67人。成绩的设置包括两个部分：教材在线学习时长和教材学习成绩，前者占40%，后者占60%，合计100分。前者要求的该教程学习时长在5～10个小时，如果达到5个小时以上就可以得到该部分的满分40分，后者主要以做题的正确率为判分依据。两个班的成绩情况如表1-5所示。

表1-5　金融1801班与1802班U校园在线学习情况

成绩类别	成绩分布	学生数量（名）	比例（%）
总成绩	80分以上	47	70
	70～80分	15	22
	70分以下	5	8
学习时长	5小时以上	54	81
	5小时以下	13	19
正确率（满分60分）	50分以上	38	57
	50分以下	29	43

通过U校园后台导出的学习综合成绩来看（表1-5），金融1～2班很多学生的学习成绩都比较高，80分以上的学生有47名，占70%，70～80分的学生有15名，占22%，70分以下的学生有5名，占8%。该班学生的成绩表明，在线网络学习确实能够促进学生的自主学习且对学生听说能力的培养具有巨大的推动作用。从学习时长来看达到5个小时以上的学生有54名，约占81%，这说明学生的在线学习积极性和主动性都比较高。从做题的正确率来看，50分以上（满分60分）的同学有38名，约占57%。这说明，学生的在线学习积极性和效果都显著。

2020级普通本科、春招和外包及艺术类所有学生，共计7 500多人都使用了该平台进行该教程的在线学习。下面以2020级水族2001班《新视野大学英语听说教程2》的在线学习情况为例进行分析和说明。该班级学生的有效成绩有26份。该班的成绩情况如表1-6所示。

表1-6　水族2001班U校园在线学习情况

成绩类别	成绩分布	学生数量（名）	比例（%）
总成绩	80分以上	26	100
	70～80分	0	0
	70分以下	0	0
学习时长	5小时以上	26	100
	5小时以下	0	0
正确率（满分60分）	50分以上	17	65
	50分以下	9	35

根据表1-6数据，水族2001班26名学生的在线学习成绩均在80分以上，占到100%，具体来说均达到90分以上。学习时长均在5小时以上。正确率在50分以上的学生有65%。以上数据表明，学生按照学校要求，普遍完成了U校园听说教程的学习任务，且学习效果也比较好。

二、课程满意度

2021年7月8日，我们设计了大学英语课程Ⅱ的教学满意度调查问卷，内容包括线上学习内容、课堂授课内容、单元产出任务、教师反馈、授课方式、学习效果6个方面，共8个陈述。我们通过学习通网络教学平台的问卷功能发放，调查对象是2020级海洋学院9个自然班学生，共258人，回收233份，回收率为90.31%，数据可靠。我们对满意度数据进行了统计，调查内容与对应结果见表1-7。我们分别统计了学生对问卷中8个陈述的“同意”与“非常同意”的选择比例，分别为84.4%、85.5%、74.9%、84.5%、82.2%、85.4%、84.7%、87.2%，平均满意度为83.6%。这说明总体来说，学生对大学英语Ⅱ教学改革的满意度较高。从“非常同意”这一选项来看，学生对问卷中的第1个陈述和第8个陈述比较肯定，选择比例分别为54.5%和57.0%，也就是说大部分学生对线上学习内容与线上线下内容的结合是比较认可的。但是从数据来看，学生对第3个陈述和第6个陈述的满意度低于50%，分别为44.2%和48.4%，这说明学生对我们每个单元设计的产出任务及其有利于提高学生应用能力的效果满意度较低。我们选取了部分同学进行了调研，学生普遍反映产出任务主要是写作型，比较单调，时间长了，易失去完成任务的热情和兴趣。总体来说，绝大部分学生对课程比较满意。

表1-7　大学英语课程Ⅱ满意度

单位：%

内容陈述	非常同意	同意	一般	不同意	非常不同意
1. 我对线上学习内容满意	54.5	29.9	14.4	1.2	0.0
2. 我对课堂授课内容满意	52.0	33.5	13.3	0.4	0.8
3. 我喜欢老师布置的单元产出作业	44.2	30.7	23.5	0.8	0.8
4. 老师对线上学习情况进行反馈，让我受益匪浅	53.1	31.4	13.9	0.8	0.8
5. 线上与线下结合的授课方式提高了我的英语兴趣	50.1	32.1	15.8	1.7	0.3
6. 老师每个单元设计的英语产出作业有利于提高我的英语应用能力	48.4	37.0	13.4	0.8	0.4
7. 线上学习提高了我的自主学习能力	50.2	34.5	13.1	1.8	0.4
8. 线上线下学习内容有机结合	57.0	30.2	12.0	0.5	0.3

2021年12月29日，我们设计了大学英语课程Ⅲ的课程总评调查问卷，内容包括线上微课、课堂授课、线上学习任务、课堂学习任务、混合教学整体评价5个方面，共12个陈述。我们通过学习通网络教学平台的问卷功能发放，调查对象是2020级海洋学院4个自然班和动科专业2个自然班的学生，共177人，回收162份，回收率为91.53%，数据可靠。我们对12个陈述分别进行了统计，数据结果见表1-8。基于表1-8数据，我们统计了上述5个方面的“非常同意”和“同意”选项的整体选择比例，分别为84.5%、86.8%、81.2%、83.8%、85.7%，5项的整体评价的平均满意度是84.4%，这个数据

比大学英语Ⅱ课程的平均满意度 83.6%高出了 0.8 个百分点，这表明大学英语Ⅲ课程的整体评价比较高而且有所提升。从评价内容来看，学生评价最高的是课堂授课部分，非常同意＋同意的比例是 86.8%。主要原因有两个：一是本学期我们特别重视针对学生线上学习进行反馈，尤其是重视学生的典型问题，提高了反馈效率；二是我们结合线上内容利用学习通平台组织了多样化的师生与生生交流互动活动，如小组读书汇报、课堂辩论、演讲、小组视频制作等。有关课堂学习任务的第 10 个和第 11 个陈述的非常同意＋同意的选择比例分别是 83.6%和 84.1%，这两个比例都比较高，也证明了上述判断。相比较而言，线上学习任务的评价低于其他 4 个方面，平均评价满意度是 81.2%。我们分析主要原因可能是线上学习任务设计多为选择、判断、填空等客观题，比较单调，缺乏挑战度和创新性，一定程度上无法激发学生的学习兴趣，导致学生不太喜欢。总体而言，大学英语Ⅲ课程比大学英语Ⅱ课程的总体评价有所提高，这表明我们大学英语教学改革取得了一定效果，得到学生认可。

表 1-8　大学英语课程Ⅲ总体评价

单位：%

内容	内容陈述	非常同意	同意	一般	不同意	非常不同意
线上教学微课	2. 学习通上的在线教学微课对我的英语学习有帮助作用	50.4	34.1	12.7	1.4	1.4
课堂授课	3. 课堂授课有利于我对线上学习内容的进一步理解和深化	53.1	33.7	11.8	0.0	1.4
线上学习任务	8. 线上语言学习任务有利于激发我的学习兴趣	45.1	36.8	14.1	0.9	3.1
	9. 我喜欢这个学期线上语言学习任务的形式	43.2	38.1	15.1	2.2	1.4
	12. 我愿意花时间完成学习通上的语言学习任务	41.7	38.8	16.4	1.8	1.3
	平均分	43.3	37.9	15.2	1.5	1.9
课堂学习任务	10. 我喜欢这个学期课堂教学中设计的语言学习任务	45.6	38.0	14.6	0.5	1.3
	11. 课堂上组织的语言学习任务对接了线上学习任务的内容	50.4	33.7	14.6	0.0	1.3
	平均分	48.0	35.8	14.6	0.3	1.3

（续）

内容	内容陈述	非常同意	同意	一般	不同意	非常不同意
混合教学整体评价	1. 我喜欢本学期开展的线上线下相结合的混合式教学模式	51.0	36.2	10.5	0.0	2.3
	4. 本学期的混合式教学提高了我的英语学习效率	45.5	38.5	12.9	1.8	1.3
	5. 本学期的英语教学提高了我的英语应用能力	42.4	39.9	15.8	0.5	1.4
	6. 本学期的混合教学有助于我和老师的交流互动	47.8	39.0	11.4	0.0	1.8
	7. 总体而言，我满意这个学期的混合教学	52.6	35.6	10.4	0.0	1.4
	平均分	47.9	37.8	12.2	0.5	1.6

三、学生写作成绩分析

1. 2018 级学生写作成绩分析

2019 年 1 月 4 日期末考试结束后（大学英语Ⅰ级），我们挑选了具有 3 次以上大学英语四、六级作文评阅经历的 4 名教师，分别对 2018 级实验班高分组、低分组、春招学生的大学英语Ⅰ的期末考试作文进行评阅。作文满分为 15 分，从语言、内容和结构三个维度以整体赋分的方式进行评阅。每篇作文的最终分数为两位评阅人所给分数的平均值；如果分数相差大于或等于 3 分，则由第三位阅卷人参与评定。评卷结束后，我们对实验班与对照班的作文成绩进行了独立样本 t 检验。

（1）实验组普通本科高分组学生作文成绩分析。实验班高分组学生作文成绩与对照组作文成绩的 t 检验结果如表 1－9 所示。

表 1－9　实验组高分组：作文成绩差异

大学英语Ⅰ期末	实验组（n=78）		对照组（n=80）		MD	t（156）	Sig
	M	SD	M	SD			
考试作文成绩	10.064	2.138 6	8.919	2.188 1	1.145 4	3.326	0.001

独立样本 t 检验结果显示，实验班与对照班的期末考试作文成绩有显著差异（t=3.326，df=156，Sig=0.001）：使用产出导向法和师生合作评价的学

生期末考试作文成绩显著高于使用传统教学方法的学生作文成绩。这说明产出导向法和师生合作评价对普通本科高分组的学生作文水平提高有显著影响。

(2) 实验组普通本科低分组学生作文成绩分析。实验班低分组学生作文成绩与对照组作文成绩的 t 检验结果如表 1-10 所示，但是结果发现二者并没有表现出显著差别（$t=-1.118$，$df=134$，$p>0.05$）。

表 1-10　实验组低分组：作文成绩差异

大学英语Ⅰ期末	实验组（$n=68$）		对照组（$n=68$）		MD	t（134）	Sig
	M	SD	M	SD			
考试作文成绩	7.779	1.955 4	8.250	2.867 1	−0.470 6	−1.118	0.265

根据表 1-10 数据，POA 教学法和师生合作评价在低分组似乎没有起到积极的作用。为进一步考察学生英语水平的变化，我们对两组学生英语理解能力也做了对比分析，以听力和阅读两项的客观分为对比数据，结果发现，实验组比对照组平均分高出 5.044 1 分，二者的成绩具有显著差异（$t=3.974$，$df=134$，$Sig=0.000$）。这一发现也出乎我们的意料，这似乎是有心栽花和无心插柳的结果。产出任务对于低分学生的写作水平没有直接的促进作用，但是他们在摄取语言信息方面付出了更多的努力，也取得了更大的进步，也有可能是学生过于重视促成环节中的知识汲取而对产出活动重视不足。我们应该有理由期待在接下来的产出任务和师生合作评价中，他们会有好的表现。

(3) 实验组春招学生的作文成绩分析。春招类学生使用《大学体验英语》作为教材。实验班与对照班独立样本 t 检验结果如表 1-11 所示。

表 1-11　实验组春招学生：作文成绩差异

大学英语Ⅰ期末	实验组（$n=67$）		对照组（$n=70$）		MD	t（135）	Sig
	M	SD	M	SD			
考试作文成绩	11.119	2.184 8	9.300	2.002 5	1.819 4	5.085	0.000

独立样本 t 检验结果显示，实验班与对照班的期末考试作文成绩有显著差异（$t=5.085$，$df=135$，$Sig=0.000$）：使用产出导向法和师生合作评价的学生期末考试作文成绩显著高于使用传统教学方法的学生作文成绩。这说明产出导向法和师生合作评价对春招学生作文水平提高有显著影响。根据表 1-11 的数据，实验班的均分为 11.119 分，对照班的作文均分为 9.300 分，可见实验班的均分明显高于对照班，高了近 2 分。这表明新方法有助于学生提高作文

成绩。

综上所述，在产出导向法和师生合作评价的实施下，学生通过一个学期的学习，在写作方面有所提高。产出导向法注重学生的产出能力，其中就包括学生的写作能力。10个教学周的教学实践中，我们根据《大学进阶英语》和《大学体验英语》教材的单元主题，分别设计了5个单元的产出任务，主要是写作形式的产出。这教学过程中，为协助学生更好地完成学做任务，我们分别从语言、内容、语篇三个方面进行了促成。在学生完成每次的写作任务后，用两课时专门进行师生共评以及生生互评。且每次师生共评都有评价焦点，使学生有的放矢，看清自身的问题所在。产出导向法和师生合作评价的实施使得学生的学习目标更加明确，经过五次产出任务的练习和评价，普通本科高分组、春招和外包学生的期末考试作文平均分比对照班都要高，分别高1.145、1.819和1.375分，$p<0.05$，达到了显著水平。另外，实验数据分析也发现，普通本科低分组的实验班学生的期末作文成绩与对照班学生的成绩没有显著差别，但对照组学生的听力和阅读理解的客观分与实验班存在显著差异，对照组学生的客观分的平均分比实验班高出5.044 1分。这一数据表明，产出导向法和师生合作评价似乎对低分组学生的写作能力没有显著的积极影响，但对听力和阅读理解这种语言输入型能力的提升具有显著作用。本次教学实践历时10个教学周，可能时间较短，对研究发现有一定的影响，该发现还需要进一步教学实践的验证和分析。

2. 2020级学生课程成绩分析

2018年开展的“产出导向＋混合模式”一体化教学体系改革取得显著成效，在此基础之上，2020年教学改革向纵深推进，进一步优化教学体系，构建了MACPIFT大学英语教学体系。该体系强调价值引领（Moral），以培养学生应用能力为目标（Application），有机融入中国文化及核心价值观（Chinese Culture），采用产出导向法（Production）和智慧赋能（Intelligence），加强形成性评价（Formative Assessment），重视团队协作（Team）。根据教学改革计划，教学团队选取4组实验班与对照班：第一组（教师A）实验班为动医2002、2003（56人），对照班为电自化2001、2002（61人）；第二组（教师B）实验班为材料2001、2002（64人），对照班为动医2004、2005（57人）；第三组（教师C）实验班为水族2001（26人），对照班为水生2001、2002（58人）；第四组（教师D）实验班为质检2003、农机化（创新）2001（67人），对照班为物流2001、营销2001（62人）。经过2020—2021学年第2学期的学习后，教学团队对4组实验班与对照班学生课程总评成绩进行了统计分析，旨在考察新的教学体系对学生学习的影响。SPSS统计分析表明，实验班成绩与对照班成绩存在显著差异，实验班成绩高于对照班，以下以第一组与第二组实验班与对照班学生课程总评成绩 t 检验结果为例进行说明。

（1）第一组实验班与对照班学生课程总评成绩分析。第一组实验班与对照班学生课程总评成绩的 t 检验结果如表 1-12 所示。

表 1-12　第一组：2020—2021 学年第 2 学期课程总评成绩差异

大学英语Ⅱ课程	实验组（n=56）		对照组（n=61）		*MD*	t（115）	*Sig*
	M	*SD*	*M*	*SD*			
总评成绩	75.91	5.974	70.66	5.662	5.255	4.884	0.000

独立样本 t 检验结果显示，第一组实验班与对照班的 2020—2021 学年第 2 学期课程总评成绩有显著差异（t=4.884，df=115，*Sig*=0.000）：使用 MIPFT 教学体系的学生课程总评成绩显著高于使用传统教学方法的学生课程总评成绩。这说明 MIPFT 教学体系对普通本科生英语水平提高有显著影响。根据表 1-12 的数据，第一组实验班的课程总评成绩均分为 75.91 分，对照班的课程总评成绩均分为 70.66 分，可见实验班的均分明显高于对照班，高了 5 分多。这表明新的教学体系 MIPFT 有助于提高学生英语水平。

（2）第二组实验班与对照班学生课程总评成绩分析。第二组实验班与对照班学生课程总评成绩的 t 检验结果如表 1-13 所示。

独立样本 t 检验结果显示，第二组实验班与对照班的 2020—2021 学年第 2 学期课程总评成绩有显著差异（t=3.083，df=119，*Sig*=0.003）：使用 MACPIFT 教学体系的学生课程总评成绩显著高于使用传统教学方法的学生课程总评成绩。这说明 MACPIFT 教学体系对普通本科生英语水平提高有显著影响。根据表 1-13 的数据，第二组实验班的课程总评成绩均分为 76.30 分，对照班的课程总评成绩均分为 72.86 分，可见实验班的均分明显高于对照班，高了近 3.5 分。这表明新的教学体系 MACPIFT 有助于提高学生英语水平。

表 1-13　第二组：2020—2021 学年第 2 学期课程总评成绩差异

大学英语Ⅱ课程	实验组（n=64）		对照组（n=57）		*MD*	t（119）	*Sig*
	M	*SD*	*M*	*SD*			
总评成绩	76.30	5.909	72.86	6.351	3.437	3.083	0.003

（3）第三组实验班与对照班学生课程总评成绩分析。第三组实验班与对照

班学生课程总评成绩的 t 检验结果如表 1-14 所示。

表 1-14 第三组：2020—2021 学年第 2 学期课程总评成绩差异

大学英语Ⅱ课程	实验组（$n=26$）		对照组（$n=58$）		*MD*	t（82）	*Sig*
	M	*SD*	*M*	*SD*			
总评成绩	78.31	5.335	74.78	5.154	3.532	2.872	0.005

独立样本 t 检验结果显示，第三组实验班与对照班的 2020—2021 学年第 2 学期课程总评成绩有显著差异（$t=2.872$，$df=82$，$Sig=0.005$）：使用 MACPIFT 教学体系的学生课程总评成绩显著高于使用传统教学方法的学生课程总评成绩。根据表 1-14 的数据，第三组实验班的课程总评成绩均分为 78.31 分，对照班的课程总评成绩均分为 74.78 分，可见实验班的均分明显高于对照班，高了 3.53 分。

（4）第四组实验班与对照班学生课程总评成绩分析。第四组实验班与对照班学生课程总评成绩的 t 检验结果如表 1-15 所示。

表 1-15 第四组：2020—2021 学年第 2 学期课程总评成绩差异

大学英语Ⅱ课程	实验组（$n=67$）		对照组（$n=62$）		*MD*	t（127）	*Sig*
	M	*SD*	*M*	*SD*			
总评成绩	77.72	6.708	74.39	8.211	3.329	2.530	0.013

独立样本 t 检验结果显示，第二组实验班与对照班的 2020—2021 学年第 2 学期课程总评成绩有显著差异（$t=2.530$，$df=127$，$Sig=0.013$）：使用 MACPIFT 教学体系的学生课程总评成绩显著高于使用传统教学方法的学生课程总评成绩。根据表 1-15 的数据，第四组实验班的课程总评成绩均分为 77.72 分，对照班的课程总评成绩均分为 74.39 分，可见实验班的均分明显高于对照班，高出 3.33 分。

综上所述，经过近 4 年的教学改革实践，我们逐步构建了大学英语混合金课 MACPIFT 教学体系。实践证明，2018 级和 2020 级实验班的课程总评成绩平均分比对照班课程总评成绩平均分都要高，存在显著差异。可见，新的教学体系 MACPIFT 的实施有助于大学生英语水平的提高。该体系注重价值引领，贯彻落实了立德树人根本教育任务。MACPIFT 教学体系概括起来，主要有五个方面的新尝试。

一是建立了“文化知识＋思政案例＋实践活动”三模块育人框架。根据

《全新版大学进阶英语综合教程》1～3册的单元主题，充分挖掘并融入中国文化元素和社会主义核心价值观，构建了“文化知识＋思政案例＋实践活动”的育人框架。文化知识模块主要是融入中国文化知识与社会主义核心价值观，培养学生中国文化英语表达能力。思政案例模块包括文字案例和视频案例，注重社会主义核心价值观引领，培养学生的辩证思维能力。实践活动模块主要是通过读书汇报、我来讲中国文化故事等语言实践活动，培养学生中国文化及正确价值观的言说能力，旨在内化社会主义核心价值观。三个模块有机衔接，共同助力学生增强中国优秀文化认同，落实立德树人根本教育任务。

二是建立了线上线下有机融合的层级式混合教学模式。基于布鲁姆教育目标认知分类框架，建立了由易到难、循序渐进的多样化层级式学习任务。采用翻转课堂教学组织形式，将记忆、理解、应用等类型的低阶学习任务放到线上，供学生自主学习，将包括分析、评价、创造类高阶学习任务放到线下课下进行，充分发挥了教师与学生的双主体地位。该教学模式线上线下有机衔接，实现课堂翻转，充分体现了“两性一度”金课建设标准。

三是建立了“产出＋探究＋合作”的三法融合的教学方法。产出导向法的“产出驱动—促成—产出—评价”四个教学环节颠覆了先输入后输出的传统教学流程。首先进行单元产出任务驱动，创造学生学习饥饿感。围绕教材单元主题分别设计单元产出任务。教师在促成环节组织多样化的教学活动，培养学生的问题探究能力和合作意识。在教师搭建脚手架进行促成的帮助下，学生完成产出任务，提高了英语综合应用能力。

四是建立了线上线下融合的师生合作评价方式。教师充分利用学习通网络教学平台，组织学生线上讨论、交流、评价、鉴赏等活动，为开展课堂师生合作评价创造良好条件，基于线上评价，教师课堂上聚焦学生典型问题，开展师生合作及评价，并引导学生完成巩固练习，最大化学生的评价参与，提高了评价效率。

五是创立了八步连动式教学管理机制。教师利用学习通网络教学平台和手机微信构建了八步连动式教学管理机制。该机制包括八个紧密连接的教学管理环节。教师发布线上作业，微信通知学生已发布作业，同时设置对未完成学生的教学预警，作业时间截止后组织学生微信作业完成接龙，微信提醒未完成学生，聚焦典型问题开展师生合作评价，抽查学生修改作业情况，总体评价学生修改，线上线下展示学生优秀作品。该机制保障了每一个学生能够及时有效完成教师组织的一系列教学活动，让学生全程参与到教学过程中来，确保了学生的有效学习。

第六节　教学改革主要成果

一、课程建设成果显著

教学改革实施期间，两门大学英语课程获批校级和省级一流本科课程。2020 年大学英语综合课程获批山东省首批一流线下课程。2021 年大学英语后续课程《中国农业文化概览》获批山东省第二批一流线上线下混合式课程。2020 年到 2021 年大学英语课程连续三个学期获批学校混合教学改革项目。2021 年“基于互联网＋的大学英语综合教学改革”获得校级教学成果一等奖。2022 年“智慧赋能、服务农科、产出导向、重在培养的大学英语课程群教学改革与实践”获批山东省教学改革成果二等奖。通过改革，项目组自主开发在线开放课程 SPOC 四门，并上线学习通超星泛雅网络教学平台应用于教学，其中大学英语后续课程《中国农业文化概览》上线山东高校课程联盟智慧树平台和国家高等教育智慧教育平台。项目组累计研发 2 000 多分钟教学微课资源，取得显著课程建设效果。

二、学生产出能力明显提高

教学改革实施近 4 年，学生受益人数约 2 000 人。问卷调查和多维度评测结果表明，83％以上学生对课程教学选择“满意”“非常满意”，对大学英语课程的学习投入度显著增加。学生英语综合应用能力显著提高。改革期间，学生制作英语微视频、PPT 汇报、读书报告等作品 1 000 多个，荣获各级英语竞赛奖项 100 多项，其中国家级、省级奖项 33 项。

三、教师教研能力显著提升

教师全身心投入教学研究，成绩斐然。团队自主研发编写教材 4 部，其中省部级规划教材 3 部。8 人次获省级以上教学比赛奖项。教师的教学研究能力显著提升，获批省级教研项目 9 项，发表教研论文 11 篇，其中 SCI 论文 1 篇，突破了高水平论文 0 篇的现状，达成了教学技能和科研素养的“双赢”效果。

四、教学体系示范作用显著

通过媒体报道、一流课程、教材、教学研究论文、教学研讨会宣讲等多种形式，教学改革成果获得推广，得到专家、同行、社会的高度认可。2020 年，本校的产出导向教学法的应用经验在由中国外语与教育研究中心组织的“产出导向法”虚拟专业学习共同体中进行了分享，获得了国内多所高校共同体成员和专家的广泛认可，荣获“乐于分享奖”。项目组成员 2022 年在山东省国外语言学学会举办的年会上做主旨报告，对改革经验进行宣传推广，起到很好的社会示范作用。

第二章

大学英语师生合作评价研究

第一节　师生合作评价实践反思研究

一、研究背景

师生合作评价是具有中国特色的教学理论产出导向法创设的新的评价形式（文秋芳，2016；孙曙光，2017），以应对评价任务重与效率低的挑战。该评价方式以“以评为学”为基本理念，这与“学习评价”和“学习性评价”理念不同。“学习评价”重在根据具体的学习目标评估学生的学习表现和进步情况；“学习性评价”聚焦教与学的改进（Earl，2003），旨在识别学生的学习优缺点，进而通过优质反馈以促进学习和帮助教师提高教学指导水平（Lee，2007）。而 TSCA 评价过程重在教师引领和师生共建，旨在评价典型样本的基础上实现“教、学、评”一体化，具有目标驱动、过程导向和师生合作的特点，是教师评价、学生自评与互评以及机器评价的有益补充。

目前该评价方式已经逐渐引起国内一线教师的重视，并取得初步成效。孙曙光（2017）的教学实践主要探讨了评价原则和评价手段的问题。她基于课堂实施反思提出了“评价焦点原则”，具体包括典型性、循序渐进性和可教性原则，并结合实例分析了三种有效评价手段，包括制定清晰可及评价目标、引导学生发现解决问题和讲评结合。上述课堂实践不仅检验了 TSCA 评价流程的可操作性，更从理论层面确定了“评价焦点原则”是 TSCA 的核心评价原则。蓝洁（2018）运用 TSCA 在大学英语课堂上对学生产出口语汇报进行了评价实践，发现学生比较喜欢这种评价方式，该方式有利于促进学生合作学习和明确学习目标，是改革学用分离的有效尝试。研究也发现学生对这种评价模式提出疑问，如互评过程中学生如何开展公允评分，避免评价过于随意的问题。王晓媛等（2018）探索了基于小组合作的师生合作评价教学模式在大学英语口语教学中的应用及效果，研究发现该评价方式可以提高学生的课堂参与意识和自主学习能力，有效提高英语口语教学效果，也面临着如何使学生积极参与课堂评价讨论的问题。上述研究表明如何调动学生积极性，让全体学生参与 TSCA

全过程是有效开展“师生合作评价”面临的重要挑战。孙曙光（2018）借助辩证研究范式理论框架对TSCA进行迭代课堂实践和反思，提出焦点评价的“系统性原则”亦是TSCA有效实施的重要原则。目前TSCA评价流程的可操作性与有效性需要课堂教学的进一步实践和检验。本章的关注焦点是如何提高TSCA的有效性，拟探讨评价焦点的评价维度、有效评价标准、评价步骤以及典型问题的评价方式四个方面的内容。

二、研究设计

1. 教学实施背景

笔者所在的学校为一所农林高等院校，大学英语课堂人数比较多，教学班级人数基本在60～100人。课堂教学效率一直是大学英语大班教学的难题，学生的作文评阅更是教师面临的一大挑战，教师的通常做法是大概翻阅一下学生作文，简单打一个分数，然后随机挑选部分问题面向整体学生进行总体反馈，或者教师不做任何反馈。总体来说教师的作文评阅具有随意性，缺乏效率，致使教师评阅流于形式，不能起到“以评促学”的作用。基于上述两点考虑，笔者在自己所教班级尝试了“产出导向法”课堂教学背景下的“师生合作评价”，重在通过课堂教学的迭代实践不断优化TSCA。本研究中笔者以一个教学班的教学流程和评价流程为例进行分析。该教学班学生为2018级金融专业两个自然班学生，共67人，其中男生19人，女生48人。新生入学考试英语成绩平均分为58分（满分100分），水平中等。

2. 课堂实践流程

为实践“师生合作评价”，笔者和另外7名教师成立了教改团队，使用的教材是《大学体验英语综合教程基础目标上册》，选取了1～3和6～7这5个单元作为本学期的教学内容，本课程为大学英语综合课。根据教材5个单元的主讲课文拟定产出任务，详情见表2-1。团队成员分工进行产出导向法的课堂设计，在共同讨论交流的基础上确定并共享单元教学方案。按照教学计划，本课程总40学时，每单元8课时，其中2课时对学生的产出进行师生合作评价，研究历时10个教学周。根据师生合作评价的流程（文秋芳，2016；孙曙光，2017），团队成员建立了课堂教学的评价流程：步骤1——课上学生尝试完成产出任务并提交；步骤2——课下教师浏览作文，聚焦典型问题，确定评价焦点并详评；步骤3——课上学生独立思考典型样本，教师引领评价并给出修改意见，小组讨论师生修改建议的不同；步骤4——课上学生互换作文，教师再次强调评价焦点，学生开展互评，修改并提交；步骤5——课下教师抽查并上传优秀作品至微信班级群。

表 2-1　课文主题与单元产出任务

主讲课文题目	产出任务
My first week at harvard	给美国朋友 Mike（大一新生）写封信，介绍自己大学第一天的所见所闻和所感
Why study humanities?	中美大学生演讲比赛：人文学科的重要性
Create a sense of purpose for all	给美国笔友 Jack 写信交流大学阶段的目标：目标是什么？障碍有哪些？如何实现目标？
My volunteering experiences	给美国朋友 John 回复一封电邮：一是介绍本校的志愿活动情况，二是总结参加志愿活动的好处，三是询问纳新宣传等有关建议
Why you should read more books	给美国中学生 Tom 写一封信：一是表达不同意 Mike 有关读书不重要的观点，二是告诉他读书对于学生来讲的重要性和好处，三是建议他多读书

3. 研究问题

本研究的关注点主要是如何提高师生合作评价的有效性，拟分解为以下 4 个问题：

①TSCA 评价过程中，教师评价焦点应该有哪些维度？

②制定 TSCA 有效评价标准的途径是什么？

③教师引领和师生共建的 TSCA 评价步骤是什么？

④TSCA 评价过程中，师生以什么评价方式对典型问题进行评价？

4. 研究方法与工具

本研究采用辩证研究范式（Dialectical Research Paradigm，DRP）。该研究范式是在辩证研究法（DRM）的基础上提出的（文秋芳，2017，2018）。为了检验 POA 教学效果，POA 教研团队提出了辩证研究法，以用于考察 POA 理论和实践双优化效果（常小玲，2017）。DRM 有别于传统的验证教学法效度的实验法、行动研究和个案研究，旨在同时构建完善的理论体系和探索操作性强的实践路径。通过 POA 教研团队的实践和反思，DRM 改称为 DRP。DRP 理论框架，包括哲学立场、系统问题、研究目标和研究流程 4 个部分。DRP 强调理论与实践的双向循环互动最终实现理论与实践双优化。本研究基于 DRP 理论框架下的“提出系统问题、学习借鉴、提出理论、实践理论、反思诠释”的 N 循环的研究流程，进行 TSCA 的课堂教学实践，以达到优化 TSCA 理论与实践以及诠释如何提高评价有效性的研究目标。要求教师基于初步拟定的理论方案进行课堂实践，通过在实践中收集数据反思理论方案存在的问题，提出完善理论的方案，再进行实践。根据该研究范式，本研究确定的具体实践流程见表2-2。这里的实践是“反思性实践”，指教师在反思的基础上采取行动解决问题的实践路径（Farrell，1999，2007，2013；孙曙光，2017），是解决二语教学问题的有效途径（Wallace，1991；陈向明，2010；孟春国，2011；孙倚娜等，2015）。

研究工具主要是通过学生写作、课堂观察、教师撰写反思报告的方式收集数据。具体的做法如下：①学生完成5次写作任务，教师收集了初稿、二稿（促成结束后完成的作文）和修改稿；②邀请教改团队教师进课堂听课，观察课堂，辅助笔者收集学生课堂表现和教学效果方面的材料；③定期围绕TSCA的实施过程和效果进行交流研讨，并要求教研团队教师撰写反思报告。

表2-2　研究流程和实践流程

步骤	研究流程	实践流程
1	界定系统或关键问题	如何提高学生作文的教师评价质量
2	提出初步理论方案	采用TSCA，选取典型样本，聚焦典型问题，进行师生共评和同伴互评
3	实践初步理论方案	实践TSCA，共进行了5次师生合作评价
4	优化理论与实践	基于不断实践与理论学习，提出作文评价焦点的三个维度、产出目标导向的评价标准、教师引领遵循的有效步骤、评价的常用干预手段和互动方式等有效措施

三、课堂教学反思性实践过程

1. 确定作文评价焦点维度

通常来讲，对作文进行评价时，首先需要确定评价的内容。参考大学英语四、六级评分标准和雅思作文的评价标准以及当前研究者提倡的作文评价内容，作文质量的评价维度一般包括语言表达、思想内容和篇章结构方面（张艳红，2010；张文娟，2017）。目前从TSCA的教学研究论文来看，研究者主要以评价焦点为原则选取评价内容，每次评价典型问题的维度聚焦在语言、内容和结构三个不同方面，例如：第一次评价焦点可能是语言层面，如谓语动词；第二次评价焦点可能是结构，如开头段；第三次评价是作文题目；第四次评价是结构层面，如扩展句（孙曙光，2017）。上面的研究说明，评价焦点的维度缺乏系统性，这不利于学习者从整体上把握作文写作存在的问题，也不利于学习者在有限的师生合作评价过程中提高作文质量。目前，随着大学英语教学学分和学时的递减，作文产出量也随之减少，如笔者所在学校每个学期要求学生完成的作文数量一般和完成的教材单元数量一致，通常每个学期完成 5～6 篇作文，这就意味着作文评价次数也比较少。如果评价维度缺乏系统性，加上评价次数也较少，这势必会影响到 TSCA 的评价质量。另外，通过第一次学生提交的作文二稿来看，教师浏览后发现学生作文在语言、内容、语篇三个维度上都有普遍性的典型问题。实践证明，从三个维度对学生作文进行评价后，学生的修改稿有了比较明显的改进（表 2－3）。因此，笔者认为 TSCA 评价焦点原则要从语言、内容和结构三个维度上进行系统聚焦评价问题。

表 2－3　第 1 单元学生作文在语言、内容和结构维度上的典型问题及评价前后示例

维度	典型问题	评价前学生作文示例	评价后学生作文示例
语言	时态不一致	As my parents and I drove through the main gate and entered the school, I'm attracted by the environment of the college.	As my parents and I drove through the main gate and entered the school, I was attracted（修改部分）by the environment of the college.（样本 1）
内容	部分写作任务未回应	My school is gorgeous with many trees. There's a lake in the middle of the campus, which we called Hongzi Lake (campus). Eight students in my dormitory with friendly character. That make our dormitory cheerful (roommates). Moreover, there're three canteen in my school. The one I like best is Haidu which is decorated magnificently (dining hall). Finally, we have many extracurricular activities such as Zhangde Bei Basketball match (activities). In a word, my college life is wonderful.	My school is gorgeous with many trees. There's a lake in the middle of the campus, which we called Hongzi Lake (campus). Eight students in my dormitory with friendly character. That make our dormitory cheerful (roommates). Moreover, there're three canteen in my school. The one I like best is Haidu which is decorated magnificently (dining hall). Finally, we have many extracurricular activities such as Zhangde Bei Basketball match (activities). We also have many kinds of classes, mainly compulsory classes. In the first year, we don't have optional classes (classes). But the teachers and classmates here are very kind and friendly (people). In a word, my college life is wonderful（修改部分）.（样本 2）
结构	拓展句缺失	The pleasant environment and lake is the characteristic of the school（主题句）. The dormitory is small but warm, and eight people talking and laughing together.	The pleasant environment and lake is the characteristic of the school. Our campus is very environmental - friendly, even in the winter it is in lush green. What's interesting is that our Hongzi Lake is designed like a figure 8. I think it is very special, and it gives me a deep impression（修改部分）. The dormitory is small but warm, and eight people talking and laughing together.（样本 3）

2. 践行产出目标达成性评价标准

教师根据上述评价维度制定了评价标准，并在布置第一次产出任务时给学生明确讲解了评价标准。教师在第一次师生合作评价过程中再次向学生展示和讲解评价标准，强调了语言词汇目标词的使用是教师最终评价作文分数的重要参考依据。但接下来的TSCA过程中考虑到语言目标在促成环节进行了充分讲解和练习，第一至四次师生合作评价聚焦在了语法、内容和结构三个维度，没有重视语言目标词的产出（表2-4）。结果学生上交的作文分析可以看出语言目标词的使用数量并没有显著提升，教师反思后认识到这可能是评价没有聚焦语言目标词导致的。教师第五次师生合作评价时将语言目标词列为首要的评价焦点，分析表明语言目标词在第五次修改稿作文中使用数量明显高于两次。如表2-5中学生3的作文中使用了目标词12项，如下文所示（使用语言目标的部分，划线单词为语言目标项）：

I'm very glad to hear from you. But I disagree on your view that reading books is <u>expendable</u>.

In my opinion, reading books is important and <u>beneficial</u> for us students. On the one hand, reading books can <u>boost creativity</u>. Reading <u>fiction</u> books <u>increases</u> the creativity in the brain, people who have creativity are able to solve business problems, write books and music and so on. On the other hand, reading books can <u>enhance</u> memory. Reading books help you <u>stretch</u> your memory muscles, which is helpful to your study. Last but not least, reading books can develop <u>analytical</u> thinking. Reading makes it easier to study a subject and <u>retain</u> the <u>knowledge</u> received from the subject. Therefore, people who read more books can easily become an expert in a chosen subject. （样本4）

表2-4 五次作文的评价焦点

作文	语言	内容	语篇
1	时态不一致	部分写作任务未回应	拓展句缺失
2	主语形式错误	部分内容不切题	语篇连接词误用
3	主语缺失	部分内容不切题	拓展句缺失
4	多个动词连用	内容前后不连贯	语篇连接词误用
5	主谓不搭配+语言词汇项目的使用	内容不相关性	拓展句缺失

我们以随机抽取的5名同学的语言目标词使用数量为例进行说明，第二至四次作文中语言目标词使用量在2左右，但第一次和第五次作文中的平均使用量是6.4和7.0（表2-5），这说明教师评价焦点的评价原则给了学生写作的直接导向性，也就进一步表明语言目标词列为评价焦点原则的必要性，这将促进学生对语言目标词的产出和应用。第一次语言目标词的使用量较高和教师首次强调语言目标词使用率是评价作文质量的重要标准有关。可见有效的师生合作评价标准需要以产出目标的达成为导向，这将促进学生对产出目标项的积极主动的应用。

表2-5　五位学生的语言目标使用数量

学生	第一次	第二次	第三次	第四次	第五次
1	8	3	1	2	5
2	9	3	2	1	3
3	10	1	3	1	12
4	4	1	1	2	3
5	1	2	1	1	12
平均	6.4	2.0	1.6	1.4	7.0

3. 明确教师引领和师生共建评价步骤

每单元第四次课为作文评价课，按照上述师生合作评价流程，课上师生合作完成典型问题的评价后，开展同伴互评。第一次作文的师生合作评价课堂上，通过课堂观察，教师发现同伴互评过程中学生的评价积极性很高，但评价有效性不是很高，表现在不能识别并正确修改语言、内容和结构维度上的典型问题。通过课下学生访谈，教师了解到学生虽然理解评价焦点，但在互评过程中还是不知道如何运用评价标准给同伴提出建设性修改建议，并且也不知道以什么评价手段或方式与同伴交流典型问题。基于此，教师从第二次师生合作评价开始，注重整个评价过程的教师专业引领，尤其是同伴互评过程中的教师专业引领更加重要。我们以第五次作文中的“主谓搭配问题”为例进行说明。第五次作文中的主谓搭配典型问题的样本如下（划线部分是问题）：

①Reading books can learn more new words and sentences.

②As far as I am concerned，reading doesn't waste time.

③Firstly，reading can obtain knowledge and broaden our horizons.

④By reading books can know more stories and truth.

具体引领过程如下：

步骤1：教师组织学生讨论样本中1～2句存在的主谓问题并提出修改意见。

步骤2：教师让学生独立思考并修改样本中3～4句中的主谓问题，给出修改建议。

步骤3：教师要求同伴互换作文并要求学生标注出所有的主谓搭配，独立思考是否有错。

步骤4：教师提示学生结对思考主语能否做谓语动词的施动者或谓语是否可以由主语发出。

步骤5：学生结对尝试修改主语或谓语以达到主谓正确搭配。

步骤6：学生与教师交流不确定的问题。

步骤7：同伴互换作文进行最后修改并上交。

上述过程可以总结为下述引领过程（图2-1）。教师引领过程包括7个步骤，构成从教师讲评到学生完善上交的单项循环关系，但步骤7并不是师生评价过程的结束。教师要通过抽查或全部检查的方式查看学生对典型问题的修改情况，以此作为提出下次评价焦点问题的依据。

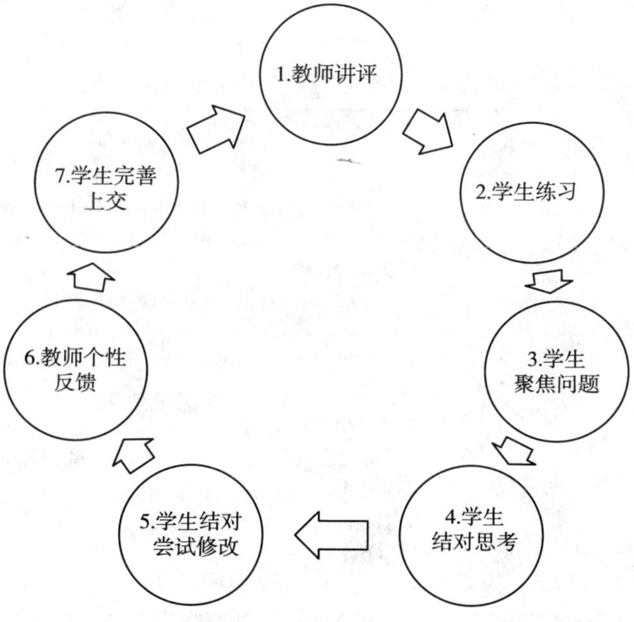

图2-1　教师引领过程

4. 依托有效的讲评干预手段和互动方式

教师通过课堂观察发现，在同伴互评的过程中，同伴之间的互评效率比较低，主要表现为很多标注的典型问题没有正确修改。通过与学生的访谈了解到原因主要有两个：一是学生的语言基础知识比较薄弱，学生无法正确讲评和修改；二是很多学生不知道以何种方式讲评同伴作文中的问题并给出建设性修改意见。另外，教师以何种干预手段和互动方式提高评价效果也是 TSCA 面临的挑战。基于此，笔者查阅文献了解到动态评价理论提出的干预式和互动式两种评估模式可以用来辅助同伴进行互评。前者的干预形式是提前设计好的，有利于提高评估效度，而后者的互动式评价是根据学生学习过程中出现的问题进行个性化反馈。王华等（2014）根据 Cioffi 等（1997）、Shrestha 等（2012）学者对教师提示方式的研究结果，按照难度递增的顺序，把动态评估中的教师提示方式分为 4 个层次，共 14 种提示方式。笔者在师生评价过程中发现比较常用且有效的有 7 种提示手段（表 2－6）：标出修改地方，暗示如何修改，明确错误类型，内容提示，语言提示，提供解释，提供正确答案。互动方式主要采取在线、面对面与间接互动三种方式，间接互动指教师与学习组长进行面对面互动，然后组长再把问题反馈给组员。同时，为了提高同伴互评的效果，教师鼓励学生尝试利用表 2－6 中的干预手段和互动方式与同伴进行互评。

表 2－6　TSCA 评价过程中干预手段和互动方式

评价手段	具体方式	示例与说明
干预手段	标出修改地方	Our campus are wonderful.（直接下划线标出修改的地方）
	暗示如何修改	The sun illuminated over the Hongzi Lake.（说明改句是描写现在的校园风景）
	明确错误类型	The cuisie is tasty.（直接说明这是拼写错误）
	内容提示	Campus is attractive, we like most of courses.（前是描述校园，后是课程，连贯吗?）
	语言提示	From teachers who we can learn much knowledge.（who 是定语从句吗?）
	提供解释	Our courses are diversified.（这里用形容词 diverse 比较好，diversify 表示使动）
	提供正确答案	The teachers are very gifted and respectful.（直接说明正确答案是 respectable）
互动方式	在线互动	利用微信直接交流写作问题
	面对面互动	课上或课下面对面交流
	间接互动	把问题反馈给学习组长，组长再统一反馈给组员

四、TSCA 实施过程中的几点反思

1. 评价焦点的选择路径问题

评价焦点的选择问题是实施师生合作评价的关键环节。因此以何种路径选择评价焦点是 TSCA 评价需要回答的问题。笔者五次师生合作评价的教学实践表明评价焦点的选择有自上而下和自下而上两种路径，前者是根据单元教学目标确定典型问题为评价焦点，后者是根据学生产出任务中的典型问题确定评价焦点。目前有关 POA 教学实践的研究表明，POA 的教学目标主要是词汇、内容和篇章结构，而且促成环节也主要由这三部分构成（邱琳，2017；张文娟，2017）。因此，自上而下型路径确定的评价主要聚焦语言目标项、内容和语篇结构三个方面，而自下而上型路径确定的典型问题可能出现与前者确定的典型问题不一致。如在语言层面，自上而下型路径可能聚焦语言词汇目标的达成，而自下而上型路径可能聚焦语法问题。事实上，五次学生作文中都存在比较典型的语法错误（表 2－4）。因此，笔者认为，TSCA 实践者应该结合两种路径综合确定典型问题作为评价焦点，这样会综合教学目标的达成和学生的学习需求两个方面，从而更加优化 TSCA 的评价效果。

2. 同伴互评的有效性问题

笔者发现存在课后部分学生不评或同伴不评现象。另外，从学生的修改稿看，学生对词汇和语法时态问题的修改效果比较好，而对语篇结构和内容方面存在的问题修改效果一般。一位教师在本课程结束后提交的 TSCA 反思报告中也提到这个问题，如下文：

“通过抽查发现，部分学生提交的修改稿修改不到位，作文中依然存在很多课上老师讲评过的典型问题，如主谓搭配问题，讲过多遍，学生还是修改不过来。还有就是拓展句的问题，也讲过多遍，但是还是有学生的作文中只有类似主题句的句子，没有进行拓展，作文读起来比较像流水账，没有充实的扩展内容。”

另一位教师写道：

“学生小组互评的有效性有待提高，出现了学生自己批阅，不寻求同伴互助，或者互评过于简单，流于形式的现象。学生也就是修改一下作文里面的词汇拼写、时态搭配等小问题，对于重要问题的修改力度不大。”

课后学生自评或互评效果差的原因可能与学生自主学习能力不强、英语学习积极性主动性差、语言能力弱等多种因素有关。课后学生自评或互评是提高 TSCA 评价效果的重要一环（文秋芳，2016），因此，如何提高学生自评或互评的有效性需要 TSCA 实践者继续进行反思性实践，探究对策。

3. 学生积极性的问题

TSCA 的实施需要全体学生的积极参与，这是 TSCA 需要应对的重要挑战之一，也是 TSCA 有效实施的关键（孙曙光，2018）。TSCA 的评价过程主要是问题导向，围绕学生产出中的典型问题展开评价。可以说评价是聚焦问题而不是学生作文中的闪光点。这可能会挫伤学生写作并修改的积极性和主动性。因此，TSCA 是否应该对学生作文中达成的产出目标也要进行积极评价。笔者发现，教师在 TSCA 进行前就优秀作品进行展示不仅会活跃课堂气氛，还有利于快速把学生带入上课状态，提高他们对评价问题的关注力。可见，初稿的优秀作品展示亦会提高学生参与课堂评价的热情和效率。这启示我们，典型问题讲评的同时兼顾优秀作品的闪光点进行评价亦是提高 TSCA 有效性的一个重要途径。教师可以尝试基于优秀作品和典型样本对比的方式对典型问题进行评价。其课堂的操作流程和评价效果有待课堂实践的检验。

总的来说，本次课堂实践验证了 TSCA 是提高作文评价质量和效率的一个切实可行的途径。经过一个学期十个教学周五次师生合作评价，学生整体在语言目标使用、语法表达规范、内容充实合理和篇章结构组织方面都有了明确意识和改善。实践证明 TSCA 评价的有效性还需要明确评价焦点的系统维度、践行产出目标达成的评价标准、遵循可行的教师引领和师生共建流程以及依托有效的师生讲评干预手段和互动方式。同时，课堂实践也表明有效的 TSCA 也需要应对评价焦点的选择路径、同伴互评的有效性、问题导向评价可能影响学生积极性等问题。因为，本次课堂实践周期比较短且评价次数比较少可能会影响到 TSCA 的实施效果，建议未来研究进行长期的跟踪调查并收集作文样本的大数据以进一步完善 TSCA 理论，切实改善大学英语教学中评价效果差的状况。

第二节　师生合作评价有效策略行动研究

一、研究背景

师生合作评价是产出导向法创设的新评价形式，以应对 POA 教学要求学生完成高频、多类产出任务的教师反馈这一挑战，以对学生产出结果进行有效评价（文秋芳，2016）。前期教学研究已经显现 TSCA 是一种有效的教学反馈方式，不仅可以用于 POA 教学实践的评价环节（孙曙光，2017，2018，2019），其以评为学的评价理念与聚焦典型问题进行评价的实施办法也适用于其他教学方法下书面和口头产出的评价（王晓媛等，2018）。目前 TSCA 还处于发展阶段，其创设者文秋芳教授与所带领的 POA 教学研究团队期待更多教师能够通过多轮行动研究，不断改善 TSCA，使其日益完善（文秋芳，2016；孙曙光，2020）。TSCA 是学生自评、同伴互评和机器自动评分等评价方式的有益补充。

另外，全国高校普遍存在大学英语教师教学任务与学生产出成果评价任务繁重的双重挑战。笔者所任职学校为一所省属普通高等农林院校，平均每人教授 5～6 个教学班级，包括 10 个自然班左右，大约 300 个学生。课堂教学效率与学生作文评阅一直是笔者所面临的难题。本校教师的通常做法是大概翻阅一下学生作文，简单打一分数，然后随机挑选部分问题面向整体学生进行总体反馈，或者教师不做任何反馈。总体来说教师的作文评阅具有随意性，缺乏效率，致使教师评阅流于形式，不能起到“以评促学”的作用。基于上述两点考虑，笔者在自己所教班级尝试了“产出导向法”课堂教学背景下的“师生合作评价”，旨在通过多轮教学行动研究，进一步完善师生合作评价实施过程，提高师生合作评价的效率和效能。

二、TSCA 研究概述

北京外国语大学中国外语教育研究中心文秋芳教授及所带领的 POA 课题组研究团队提出了具有中国特色的教学理论产出导向法。经过近十年的探索反思和教学实践，POA 的教学理念、教学假设、教学流程已经基本形成，其教学效果也逐渐显现。评价是 POA 教学流程的重要组成环节，是对驱动与促成环节教学效果的升华。POA 教学要求学生完成高频次和多类型的产出任务，为了解决这一难题，师生合作评价应运而生。

文秋芳（2016）发表论文“师生合作评价”：“产出导向法”创设的新评价形式，系统阐释了 TSCA 与其他评价方式的异同、TSCA 的实施步骤和要求以及 TSCA 的实施理念，提出了“选取典型样本”进行选择性评价（selective assessment）的理论构想。POA 教研团队成员孙曙光教授（2017）对 TSCA 进行了系列理论构建与实践操作流程方面的研究。孙曙光（2017）基于对 TSCA 的反思性实践研究，提出了评价焦点原则以及确定评价焦点的典型性、循序渐进性、可教性三原则，并结合实例阐释了上述原则的使用路径与有效性，同时结合实例分析了“以评促学”的手段。通过学生的反思可以看出，学生对 TSCA 持肯定评价。孙曙光（2018）通过两个学期的 TSCA 课堂实践，探讨了“评什么”与“怎么评”的落地问题，其中重点探讨了“怎么评”，提出了教师专家引领的主要步骤，包括发现问题和教师引导样本修改，全程辅助于教师鼓励学生独立思考并解决问题，同时证明了把单元写作任务分解为系列子任务再进行焦点评价的评价路径的可行性。从学生的反思日志可以看出，学生高度认可这样的评价方式。这一研究不仅证明了一次只评价一个典型问题的有效性，而且论证了单元写作任务可分为 N 个子任务并进行分次评价的可行性，以解决学生写作中出现的多个语言、内容、结构问题。孙曙光（2019）采用辩证研究法，基于两轮研究，完善了课中评价环节的操作步骤，提出了从隐性支架到显性支架和分次评价的两种递进式引导手段。孙曙光（2020）通过辩证研究的“学习借鉴—提出理论—实践理论—反思诠释”多轮循环，提炼出 TSCA 全流程的三个实施原则：课前准备阶段要目标导向，重点突出；课中实施阶段要问题驱动，支架渐进；课后修改阶段要过程监控，推优示范。同时探讨了实施 TSCA 的难点问题——如何引导学生发现问题，构建了教师引领学生发现问题的决策树模型。这为课堂上发挥教师的专业引领作用提供了参考框架。

上述研究主要是围绕 TSCA 的课堂实施进行了理论构建并结合案例阐释了操作流程，TSCA 的基本理念与教学流程已经初步形成。这一新评价形式引起了国内一线教师的持续关注。部分教师对 TSCA 进行了基于课堂教学的实证研究。王晓媛等（2018）经过一学期的教学实践，探索了基于小组合作的师生合作评价教学模式在大学英语口语教学的应用及其效果。研究对象为农林院校经管专业二年级学生，问卷调查和访谈的数据表明绝大部分学生认可该评价形式。但也发现部分学生合作意识不强的问题。高海英（2020）以理工科院校大学一年级新生为研究对象，探索了 TSCA 在大学英语写作中的应用，访谈数据分析表明近 90%以上的学生认为新评价方式更加真实高效，同时也发现语言水平稍低的学习者对评价感到吃力。曾小濛（2020）探讨了 TSCA 在六级英语写作中的应用，为期 8 周的训练，统计分析表明学生的作文成绩显著高于训练前的作文成绩，后测问卷调查和访谈也进一步验证了该模式能够促进学生的写作能力发展。张丽（2021）采用辩证研究范式，将 TSCA 运用于英语专业的“英语写作”课程教学中。通过两轮辩证研究，提出“教学目标与语言目标的双焦点、分步评”来指导课前和课中的教学实践，制定了“教学目标—语言目标—习作质量—总结问题与推优赏析—建立写作档案的五步法”的课下操作步骤。结果表明“双焦点、分步评”和“五步法”在“师生合作评价”的课前、课中和课后环节均发挥了积极作用，教学效果显著。研究也发现部分学生存在写作和修改惰性。

综上所述，TSCA 是一种有效的评价方式，是学生自评、同伴互评与机器评分评价方式的有益补充。目前，有关 TSCA 的研究主要还处于理论构建和实践流程阶段，如何提高其评价质量和效果依然是研究者和一线教师比较关注的问题。同时，上述研究也表明如何引导学生发现问题以及如何让全员学生积极参与评价仍然是 TSCA 研究面临的挑战。

三、研究设计

1. 研究问题

提高师生合作评价效率的策略有哪些？

2. 研究对象

本研究以笔者所任教学任务的 2020 级水族 2001 班为研究对象，共 28 人，女生 17 人，男生 11 人。该班参加本校自行命题的新生入学考试英语成绩平均分为 60 分（满分 100 分，全校平均分 62 分），水平中等。使用的教材是上海外语教育出版社 2017 年出版的教材《全新版大学进阶英语综合教程》，该教材的学生用书共 4 册，每册书包括 6 个独立主题的教学单元。该班学生第三学期可以报名参加全国大学英语四级水平考试，有着强烈的提高英语水平，尤其是提高作文质量的渴望，因此第一学期和第二学期的英语学习动机较强，这为开展师生合作评价策略研究提供了重要前提条件和保障。

3. 研究方法

教学计划是第一学期和第二学期分别完成第一册书与第二册书 5 个单元的学习，每个单元 6 学时。每个教学单元都遵循 POA 教学流程，设计驱动与促成环节的教学方案，选取部分单元的产出任务进行 TSCA 评价。

本研究采用行动研究（Action Research，AR）方法开展研究。行动研究信奉实用主义，就研究对象而言，关心教学过程中的真问题与实际问题（文秋芳，2019；Bradbury，2011），旨在解决问题，提高教学效果。行动研究采取自我反思的、批判性和系统性的方法探究自己的教学情境，这里批判性是指对教学采取质疑和解决问题的立场（Burns，2011），也就是从改善教学实践的立场出发，对自己的教学实践采取质疑的态度，发现问题，从而形成新思想或不同路径，不断改进教学。目前，AR 的基本规范已经成熟，且受到学界普遍认可，并得到广泛应用。其研究路径是从现实问题出发，采用计划—行动—观察—反思的不断迭代循环，直到问题解决（图 2-2）。

基于研究问题，我们开展两轮行动研究，第一轮行动研究于 2020 年 11—12 月进行，为期 6 周，共进行 2 次师生合作评价，分别为第一册书的第二单元（Freshmen Year）和第四单元（Study Abroad）的产出任务。单元学习结束后统一对学生产品进行师生合作评价，约占 1 个学时。收集的数据包括单元教案与电子课件、学生作文初稿与终稿各 28 份、学生访谈记录、教师反思日志、学习通网络教学平台师生互动交流与答疑记录。教师反思第一轮行动研究中师生合作评价存在的问题，并修改教学方案，制定新的行动方案。第二轮行

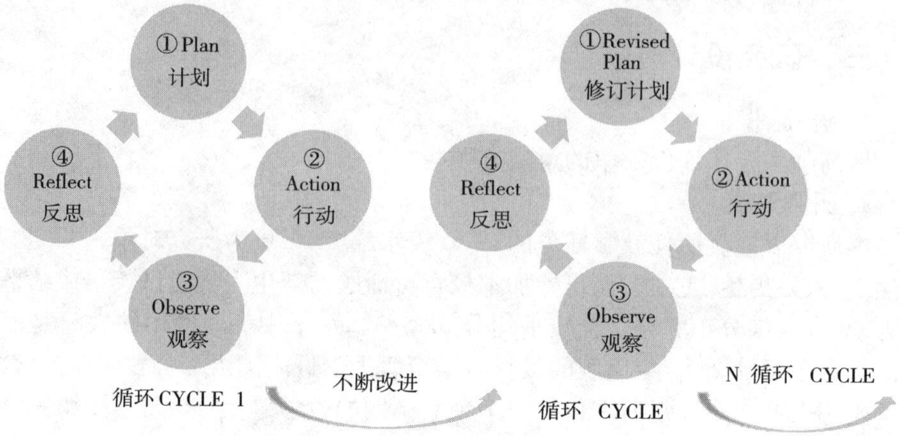

图 2-2 AR 的迭代循环流程

注：改编自 Burns (2011)。

动研究于 2021 年 3 月 29 日至 5 月 14 日进行，为期 7 周，4 月 27 日进行 1 次师生合作评价（正在进行中，还没有收集完数据），拟收集的数据包括单元教案与电子课件、学生作文初稿与终稿各 28 份、学生访谈记录、教师反思日志、学习通网络教学平台师生互动交流与答疑记录、学生反思日志、学生网络教学平台在线讨论记录。第三轮行动研究于 2021 年 5 月 17 日至 6 月 6 日进行。

四、第一轮行动研究：发现问题

1. 教学计划与行动

选取《全新版大学进阶英语综合教程》第一册的第二单元与第五单元的产出任务进行 TSCA 评价，两次评价全部为延时评价。单元主题与课文、产出任务、评价焦点及时长参见表 2-7。

表 2-7 第一轮 TSCA 的单元主题、产出任务、评价焦点及时长

单元主题	产出任务	评价焦点	时长
U2 Freshmen Year Text: All Grown Up and Still in Tow	给 China Daily 的社会现象讨论专栏英文投稿，包括三个方面内容：一是描述中国父母陪伴孩子上大学的现象，二是分析陪伴与不陪伴的理由，三是表达自己对应不应该陪伴的看法	表达观点缺乏事实支撑。具体表现为只表达观点，没有利用事实对观点进行论证，观点显得空洞	45 分钟

（续）

单元主题	产出任务	评价焦点	时长
U5 The Water Problem Text：What's the World to Do about Water?	给国际水资源协会的美国志愿者 Jack 的电邮回信，回应三个问题：一是在中国是否存在缺水导致人员伤亡的现象？二是中国缺水的原因是什么？三是中国政府都采取了哪些措施来解决缺水问题？	句子之间缺乏正确的逻辑关系，具体表现是句子之间的连接词使用不恰当，存在滥用、误用现象	45 分钟

笔者研读了文秋芳（2016）提出的 TSCA 的实施步骤与要求，在此基础上细读了孙曙光（2017，2019，2020，2020b）一系列有关 TSCA 的课前、课中、课后的实施原则与方法，基于此，确定了本教学班的师生合作评价流程（图 2－3），旨在提高本班学生的作文评价质量。

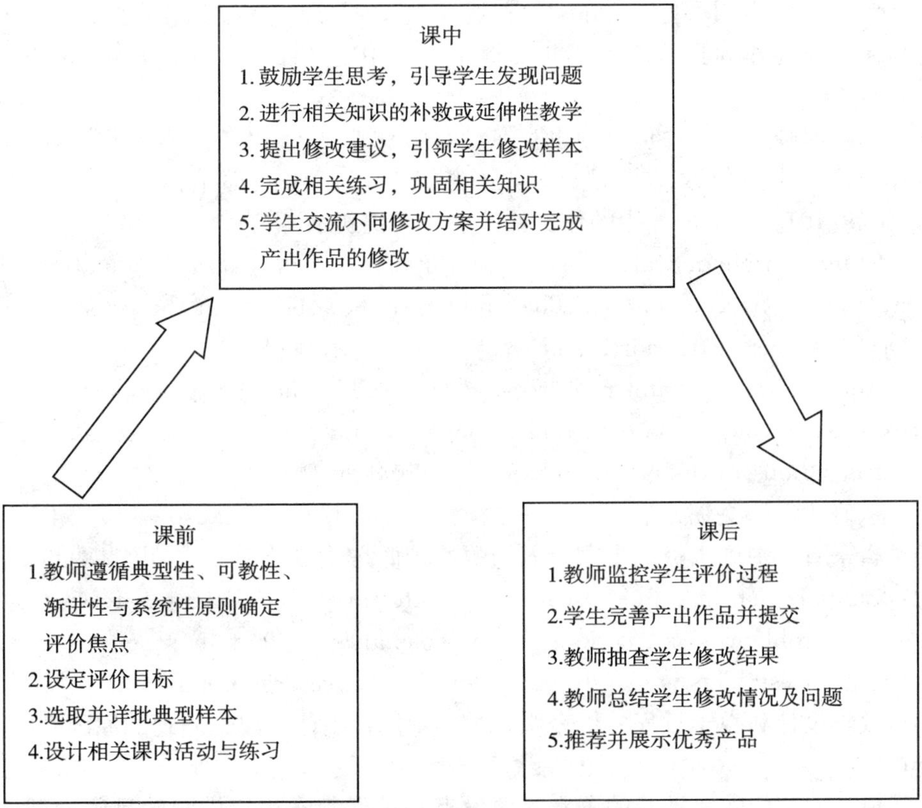

图 2－3　TSCA 实施流程

2. 教学观察与反思

农林院校本科学生英语水平普遍较低，如前所述，水族 2001 班学生英语水平中等。鉴于此，第一次师生合作评价过程中的学生自评与互评是在教师引领下进行的。从学生提交的修改稿作文来看，课上教师评价的典型问题很多同学没有修正。28 名同学中存在典型问题的同学有 18 人，约占 64%，其中没有修正典型问题的同学有 7 人，约占 39%。我们来看一个学生修改前后的文稿对比：

At the beginning of the new term，many parents accompany their children to college. It's a common phenomenon in China.（修改前示例）

At the beginning of the new term，many parents accompany their children to college. On campus the busy parents can be seen everywhere. They do a lot of things for their children. It's a common phenomenon.（修改后示例）

从修改后的文稿来看，学生补写了下划线部分，但是这里的表达“busy parents”，“do a lot of things”依然是比较空洞的一般性词汇（general words)，不能作为具体的事实句支撑主题句中的“accompany their children”这种观点。

第二次师生合作评价过程也存在没有修改典型问题的现象，与第一次师生合作评价的学生修改结果相比，没有修正典型问题的学生比例更高，约占 47%（9/19)。如下面学生的作文修改前后对比所示：

China is rich in water resources. But China has a large population，so there's less water per person. The problem is not serious in the coastal area，but it is serious in the north and west.（修改前示例）

China is rich in water resources. Because China has a large population，so there's less water per person. The problem is not serious in the coastal area，but it is serious in the north and west.（修改后示例）

从修改后的文稿来看，学生只把“but”改为了“because”。根据上下文的逻辑来看，中国水资源丰富与人均数量较低是让步转折关系，因此可以修改为：China is rich in water resources. Despite this，there's less water per person. The problem is not serious in the coastal area，but it is serious in the north and west. This is mainly because China has a large population.

教学设计和教学过程分析表明，学生不能正确修改典型问题的原因主要有 3 个。

（1）典型问题所涉及的语言问题没有在单元教学目标中明确具体地列出。我们举例说明，第二单元的教学目标如表 2-8 所示。

表 2-8 《全新版大学进阶英语综合教程》第一册 Unit 2 Freshmen Year 的教学目标

Language objective: Be able to use the following phrases: take charge, be accompanied by, accompany sb to sth., be pleading with, stay put, college/school enrollment, enroll new students, handle/finish procedures, get sb settled in, be reported to school Communication objective: Be able to describe the phenomenon about parents' accompanying freshmen for registration; Be able to make a comment on the phenomenon Quality objective: Help students to form their own opinions on independence and self-reliance; Cultivate students to have the awareness of responsibilities

从这份教学目标来看，语言目标只列出了词汇学习目标，缺失语言技能目标，本单元可以增加使用事实句来论证观点（facts-supporting-opinion）的写作技能目标。因为本单元的交际目标是描述现象与对现象做出评论，而用事实支撑观点的写作技能是实现该交际目标的有效写作方法。

（2）课堂时间有限，学生不能有效内化典型问题涉及的知识点且没有充分时间思考修改方案。2020 年 11 月 4 日随机选取了 3 名同学（1 名男生、2 名女生）通过微信交流进行了半开放式访谈，了解自评或互评的影响因素。三名同学都提到了修改时间短的问题。

访谈对话片段一：

笔者：我如果先把重要的问题多展示一些，再仔细讲解，然后给大家展示一篇范文，这样可能大家改得会更好。

学生 1：应该先让他们写下来自己要写成什么样的大体框架，然后再看看范文，看了范文再按自己的框架修改或进行填充，就是课堂时间太短了，没有很好地思考。

笔者：你的意思是说先把我们课堂讲到的主题句＋支撑性拓展句的大体结构写下来，然后再基于此进行修改是吧？

学生 1：大体就是这样，就是写作一定得有一个结构，决定写作的方向。但是课堂上如果这样做，然后再修改，可能来不及。

访谈对话片段二：

笔者：你觉得咱们课堂上修改作文，自己的收获大吗？

学生 2：老师，听完之后思路很清晰。就是有的地方没太跟上，应该是我上次写的作文问题比较多，改动幅度大。在课堂上修改作文效率能高一些。

笔者：嗯，你说得挺对的，一次改很多问题效果是不太好的。所以我一般只讲解一个重要问题，然后我们把一个重要问题修改好就可以。

访谈对话片段三：

笔者：你觉得咱们课堂上修改作文，自己的收获大吗？

学生3：我觉得挺好的，思路最起码清晰多了，但是记的话有点快，跟不太上。然后还知道自己哪里写得不太到位，随时修改，记忆深。

笔者：主要原因可能是我给予大家充分的思考和内化时间。

学生3：哈哈，老师辛苦了。

笔者：哦，我打错了一个字，我的意思是没有给予你们充分的时间思考。

学生3：嗯嗯，时间是有点紧。

笔者：是啊，下次我们多花点时间。

综上所述，部分学生没有修正的原因主要有2个：一是教学目标不够具体明确，二是课堂评价时间有限，学生没有内化时间。第二轮行动研究需要解决的关键问题是如何弥补课堂时间有限，且最大化学生对评价内容的内化问题。

（3）学生参与度不高。 通过课堂观察可以看出来，学生在互评环节互动交流较少，具体表现有以下几点。一是大部分学生基本上忙于思考和修正自己的作文，自己通过查阅词典确认词汇使用的正确与否。二是部分同学遇到自己不理解的或困惑的语言表达时选择向老师请教建议和方案。三是学生小组成员之间并没有展开激烈的讨论，课堂学习气氛比较平淡。师生合作评价的关键是学生能够积极参与合作评价过程，才能真正提高评价效率，实现评教结合与评学结合的评价目标。

五、第二轮行动研究

1. 教学计划与行动

第二轮行动研究的教学内容是《全新版大学进阶英语综合教程》第二册的第三单元课文 Why Do Friendships End，本单元结束后的第二周（4月27日）对产出任务进行TSCA评价，共进行1次评价，为延时评价。单元主题与课文、产出任务、评价焦点及时长参见表2-9。

表2-9　第二轮TSCA的单元主题、产出任务、评价焦点及时长

单元主题	产出任务	评价焦点	时长
U3 Friendship Text：Why Do Friendships End	本校将在6月30日国际友谊日举行中外留学生英语写作比赛，主题是 How to Maintain a Friendship。要求涵盖三方面内容：一是友谊的重要性，二是友谊结束的原因，三是维系友谊的方法	段落之间缺失过渡句，导致段落间的内容不连贯	90分钟

鉴于第一轮行动研究存在的3个问题，笔者采取了不同应对策略。

第一个策略就是单元教学目标的语言目标与交际目标要明确具体，避免笼统。教学目标可以分为三级，一级目标为语言目标和交际目标。二级语言目标为词汇、句型、写作技能等目标，二级交际目标主要为交际目的。三级语言目标为具体目标，包括重要的词汇、重点习得的句子结构和写作微技能，三级交际目标为具体的实现交际目的的手段和方法。如上述第三单元的教学目标见表2-10。

表2-10　教学目标的三级目标

一级目标	二级目标	三级目标
语言目标	掌握友谊重要性与结束的相关词汇	treasure, enhance, bring out the best in one, happiness, neglect, conflicts, end up with
	掌握表达重要性的常用句型	No one can ignore the importance of… It is of the upmost importance to… The importance of…cannot be ignored
	掌握常用过渡词以及让步转折过渡句	Firstly, to start with, however, but… Although…but… (Even) though…
	掌握引用和类比两种论证观点的写作技能	引用合理并能对引用进行阐释和评论，利用类比支撑自己的观点
交际目标	劝说读者相信友谊的重要性并提出维系友谊的方法	利用引用说明友谊的重要性，阐释友谊结束的原因，通过让步转折进行过渡，进而分析友谊结束的原因，针对原因提出维系友谊的方法

第二个策略是在线技术辅助策略。后疫情时代，随着“互联网+技术”的迅猛发展，混合式教学被越来越多的外语教师采用，已成为外语教育教学改革的有效途径（郑新民等，2020）。正如Singh等（2001）所言，要在适当的时间，用适当的学习技术向学习者传递适当的能力，并与适当的学习风格相协调。因此，第二轮行动方案充分利用了学习通网络教学平台，进行了混合式师生合作评价的教学设计。课前发布典型问题的话题进行线上讨论，对课上的师生合作评价起到热身作用，同时录制教师评价的微课视频，上传网络教学平台，有利于学生反复学习。课中设计在线小组互评活动，最大化学生参与评价。课后教师将优秀作品发到网络教学平台展示，鼓励学生寻找亮点。

第三个策略是教师关注策略，包括及时关注策略和延时关注策略。教学实践证明教师关注会对学生的学习投入产生积极影响，教师关注学生学习情况越多，学生会更加愿意投入更多时间认真、积极主动学习。尤其是混合教学背景下更是如此。起源于远程教育领域的“持续关注理论”认为远程院校和教师应对学生提供更多的持续关心、咨询和教学辅导，否则会影响学习效果(Sewart，1978)。因此，课前的线上讨论环节教师可以采用及时关注策略，指教师要持续及时关注学生的讨论内容和修改意见并给予及时反馈。课上教师可以采取延时关注策略，指教师对学生的线上讨论部分进行情况总结、亮点分享和问题反馈等。

第四个策略是教师个性反馈策略。TSCA 关注的是典型样本中的典型问题的评价，典型问题的一个重要特点就是存在的普遍性，指至少 50%以上的作文样本中都存在的问题，那么学生的个性问题就得不到及时反馈。学界已达成共识，根据学习者个体差异理论，教师需要关注学生学习的个体差异，进行因材施教，这样有利于提高学生学习效果。正如常海潮（2017）所言，在外语教学的教案设计、课堂实施、效果测评各个环节，都要重视个体因素的重要作用。因此教师可以与学生共同商定一个时间进行“你问我答”个性问题答疑活动，以便更加有效地帮助学生修正写作问题，是师生合作评价的有效延伸。

第五个策略是价值驱动策略。学习动机是外语学习的源动力和驱动力，直接影响到学生的学习投入与学习效果。期望价值理论认为，个体完成各种任务的动机是由他对这一任务成功可能性的期待及对这一任务所赋予的价值决定的。个体自认为达到目标的可能性越大，从这一目标中获取的激励值就越大，个体完成这一任务的动机也越强。Eccles 等（1995）研究发现相对期望而言，价值对成绩能产生更大更长远的影响。由该理论可以推知如果外语学习者看不到学习行为的价值，动机就会降低，反之就会增强（秦晓晴，2002）。营销领域著名的黄金圈理论（the Golden Circle）也证实了这一点。该黄金圈理论包括三个同心圆，从里到外依次为 Why、How、What。该理论认为在推销产品时，首先应该让客户认同产品的理念，认同理念才能激励客户购买产品。同理，师生合作评价时，教师首先应该让学生理解“为什么评”（Why to assess)，这会让“评什么”和“怎么评”变得有价值和意义。因此在开展 TSCA 时，教师需要对典型问题评价的重要性进行分析说明，也就是我们为什么要对典型问题进行评价的问题。显然“为什么评”（Why to assess）是有效进行 TSCA 的前提。只有学生认同了“为什么评”，才能有效激发学生学习的内在驱动力，积极主动参与到评价过程中来。只知道“评什么”（What to assess）和“怎么评”（How to assess）是不够的。

第六个策略是积分奖励策略。根据动机强化理论，教师的奖励、学生良好的考试成绩都是强化物，这种强化如果多次出现可以提高学生的学习动力，逐渐达到固化动机的作用（秦晓晴，2002）。因此，笔者对学生在线讨论和观看视频都给予了学习积分奖励，将其纳入课程学习总成绩。需要指出的是，积分奖励策略属于外在动机，要适当使用，不能作为激发学生参与 TSCA 的主要动机策略。

第七个策略是积极评价策略。TSCA 聚焦典型问题进行评价，因此评价是问题导向。如果只对问题进行反馈和评价的话，不利于增强学生信心和触发学生的内在学习动机。根据马斯洛需求层次理论，人具有尊重需要、认知需求和自我实现需要（Maslow，1970）。这对外语教学的启示是教师要善于抓住学生学习的亮点、给予认可和表扬，让学生感受到自己通过努力可以获得成就。文秋芳（2016）阐释 TSCA 课后活动时提出要推荐优秀作品供学生学习欣赏。孙曙光（2020）提出推优示范原则，这样可以鼓励被推荐者更上一层楼，也能激励和带动其他同学作为范例争当优秀。因此，笔者课上开展 TSCA 前要结合学生产出任务中使用的目标词汇与新词汇、新颖的句子表达、紧凑清晰的篇章结构等亮点进行共同欣赏和点评，同时，将逻辑性、连贯性好的产出作为“精品作业”发到在线教学平台，供更大范围的同学学习和欣赏。

第二轮行动研究制定了新的行动方案（表 2－11）。

教师点评学生的讨论情况，并对如何开展小组互评进行方法培训，学习通线上网络教学平台引入 TSCA 中来，不仅帮助学生反复学习内化知识，还符合当代大学生移动学习的学习特点，更重要的是能够通过给予积分的方式肯定学生的学习投入，从而鼓励学生积极参与评价，最大化全员参与评价过程。

表 2－11　第二轮行动方案

时间	应对问题	解决问题办法	教学使用策略
	教学目标不明确	设计单元教学目标时，要明确清晰地列出语言目标与交际目标，语言目标词汇与写作微技能目标。目标要明确、具体，避免笼统	目标导向策略
课前	课堂思考时间少，交流少	浏览学生作文，确定典型问题后，选取典型样本。把第 1 篇包含典型问题的学生作文，上传本校的网络教学平台学习通的讨论区，教师针对典型问题发起讨论，鼓励大家提出修改意见。教师要持续关注学生的修改意见并给予及时反馈	在线技术辅助策略，教师关注策略
	课堂时间短，内化时间短	针对典型问题所涉及的知识点——Transitions（过渡）进行微课录制，内容包括其重要性、三种类型及其使用。上传学习通，设置为任务点，要求学生自学，系统给予积分认定	在线技术辅助策略，积分奖励策略

（续）

时间	应对问题	解决问题办法	教学使用策略
课上	课堂思考时间少，师生交流少	首先对学生讨论区对典型问题的交流情况给予反馈，点评学生好的建议和不恰当的建议	教师关注策略，积极评价策略
	学生参与度低	然后教师选取第 2、3 篇作文对典型问题进行进一步分析，并在学习通平台发布第 4 篇学生作文，设计成小组任务，开展小组互评，要求小组成员共同提供一个最佳的修改版本。系统给予积分认定	在线技术辅助策略，积分奖励策略
课下	课堂时间短，内化时间短	教师针对典型问题进行讲评并录制成教学微课，包括典型问题的分析、修改建议以及典型问题涉及的相关知识的拓展。将微课上传学习通的学习区域，设置成学习任务点，因为学习通任务点的形式系统要求学生必须完成，否则该项学习任务系统不给予成绩认定。这样可以最大化确保学生完成微课学习。观看微课视频，进一步修改完善作文	在线技术辅助策略，积分奖励策略
	相关个性问题	个性问题答疑。通过微信，采用固定时间与自由时间结合的方式对学生存在的有关典型问题以及其他写作问题进行个性指导与反馈。每次评价结束后，与学生商定好固定时间进行答疑，通常 30 分钟到 1 个小时，探讨学生的个别写作问题	教师个性反馈策略
	学生参与度低	选取优秀作品，上传学习通讨论区进行展示，同时鼓励学生给予优点评价，主要是讨论作文的亮点有哪些，以及自己写作可以借鉴的地方。系统给予积分认定	在线技术辅助策略，积分奖励策略，积极评价策略

2. 教学观察与反思

2021 年 4 月 27 日课堂上师生合作评价结束后，收回学生修改版作文 27 份。18 份存在典型问题的作文中 13 份作文正确修改了段落过渡句问题，修改正确率约为 72%，其中有 5 份作文依然存在段落过渡句缺失问题，约占 28%。这个数据表明第二轮行动方案起到了一定积极作用，作文评价质量有了提高。我们来看一个学生修改前后的对比：

No one can ignore the importance of friendship. Just as the saying goes，a father is a treasure，a brother is a comfort，but a friend is both. Without friendship，we would lose wealth and comfort in our life. Firstly，friendship can make us happier. Secondly, friendship can make us stronger. Thirdly, friendship can make us more open.

There are many reasons for the end of a friendship. For example, there is a misunderstanding between the two parties… （修改前示例）

No one can ignore the importance of friendship. Just as the saying goes, a father is a treasure, a brother is a comfort, but a friend is both. Without friendship, we would lose wealth and comfort in our life. Firstly, friendship can make us happier. Secondly, friendship can make us stronger. Thirdly, friendship can make us more open.

Friendship is irreplaceable, but it is also can break up. There are many reasons for the end of a friendship. For example, there is a misunderstanding between the two parties… （修改后示例）

课下要求学生从本次作文评价的收获、问题、需要的帮助和建议4个方面撰写了反思日志，共收到26份（2名同学因事假未提交）。从学生的反思日志中也可以看出，学生修改作文的质量有明显提升。例如，一个学生写道：通过评价，我懂得了写作文的时候，要注意句子的连贯，尤其是在和同学讨论如何修改的时候，我也能发现他的作文存在的句子关系不顺畅的问题，我们经过讨论，写出了比较满意的句子结构。

笔者对13份修改正确的作文进行了仔细研读，发现学生修改存在雷同现象，下列句子来自优秀作文或教师详批样本，缺失语言表达的创新性和独创性。

Nevertheless, why do some friendships end, no matter how much we want them to last. The reason of the end of friendships is that a word or action of two people accidentally hurt each other… （修改来自优秀作文）

However, we often meet the phenomenon of broken relationship between friends, so what is the reason for this? There are often some small misunderstandings between friends, which lead to the rupture of friendship… （修改来自优秀作文）

Although friendships are important, some still end. There are many reasons why friendships end… （修改来自教师详批样本）

线上有关修改连贯问题的讨论也表明学生普遍存在复制他人答案的情况。进行课堂师生合作评价前，教师在本校学习通网络教学平台上发布讨论主题“修改句子——如何做到连贯”，旨在引发学生对段落连贯的思考，为课堂围绕典型问题“段落间缺失过渡句影响篇章连贯”进行TSCA做好铺垫，起到warming-up的作用。原句为：No one can ignore the importance of friendship. Just as the famous saying goes，“My best friend is the one who brings out the best in me”。学生的回复基本是复制原句。教师发现这一问题后，在线进行了统一回复并提出自己的修改意见。笔者修改为：No one can ignore the importance of friendship. Just as the famous saying goes，“the best friend is the one who brings out the best in one”. So to speak，friends can help us develop potentials and realize our talents and strengths（下划线句子被学生复制）。随后，其他学生又开始复制教师修改后的句子，如学习通讨论区截图所示（图 2-4）。

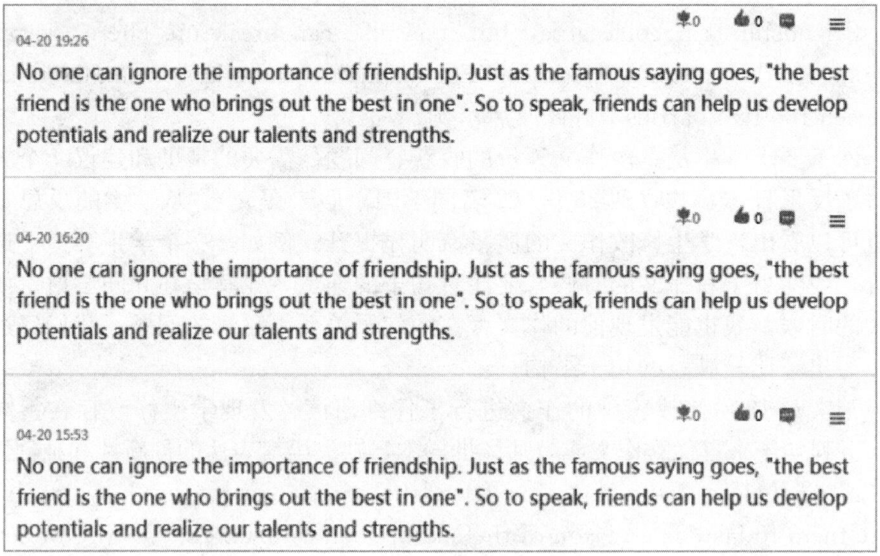
04-20 19:26

No one can ignore the importance of friendship. Just as the famous saying goes, "the best friend is the one who brings out the best in one". So to speak, friends can help us develop potentials and realize our talents and strengths.

04-20 16:20

No one can ignore the importance of friendship. Just as the famous saying goes, "the best friend is the one who brings out the best in one". So to speak, friends can help us develop potentials and realize our talents and strengths.

04-20 15:53

No one can ignore the importance of friendship. Just as the famous saying goes, "the best friend is the one who brings out the best in one". So to speak, friends can help us develop potentials and realize our talents and strengths.

图 2-4　学习通讨论区截图

针对上述问题，笔者查阅了学生的反思日志。本次反思日志共收到 26 份（2 名同学因事假未提交），包括本次作文评价的收获、问题、需要的帮助和建议 4 个方面。通过分析，可以看出部分学生不重视作文评价，存在“糊弄”现象。主要原因有 2 个。

第一，他们在自评或互评时，经常是“一扫而过”，没有认真思考。如一名学生在反思日志中所言：

“对于本节课要学的主要内容了解不清晰。虽然老师提前在学习通、在微信提前告知，但是有时可能只扫一眼，并不能了解。”

第二，他们课前没有对教师的相关知识点的微课进行充分学习以做好课堂 TSCA 的准备。如一名学生在反思日志中写道：

“课前老师已经发过通知，让我们提前阅读作文，显然我没有做到，虽然主人公赵轶璐也缺乏准备，但是我没有她那么勤奋去弥补准备的不足，我的学习自觉性有待提高。”

六、第三轮行动研究

1. 教学计划与行动

第三轮行动研究是 2021 年 4 月 20 日至 5 月 30 日。教学单元、产出任务和评价焦点信息如表 2－12 所示。师生合作评价是 2021 年 5 月 25 日。

表 2－12　第三轮 TSCA 的单元主题、产出任务、评价焦点及时长

单元主题	产出任务	评价焦点	时长
Unit 4 Study Abroad Text：Destination：College，U. S. A.	给你的留学生朋友 Jack 介绍一下“中国现代文学（Chinese Modern Literature）”这门课程的教学方法与组织形式，供他选课参考	支撑句不能有效论证主题句	40 分钟

针对作业雷同现象，教师除了采用扣分的积分奖惩策略外，还进行了学术诚信育人策略。教育部印发的《高等学校课程思政建设指导纲要》明确提出立德树人是教育的根本任务，所有课程都承担着育人责任，教育要引导学生深刻理解中华优秀传统文化中守诚信的思想精华。作业抄袭现象是一种学术不端行为，教师要抓住“雷同现象”给予学生正面引导，帮助学生树立遵守学术诚信的学术态度。针对课上进行师生合作评价而学生准备不充分的问题，教师采取了及时提醒对策，课前，教师通过微信手段提醒没有自主学习完成线上的教师作文评价和写作技能微课，确保所有同学都了解相关知识点，为课上开展师生合作评价做好充分准备。针对学生不认真思考的问题，教材采取了激励提问策略和及时反馈的对策，对提出有价值的好问题的学生进行口头表扬，增强学生信心，进行更深入思考，同时对大家普遍存在的问题进行统一反馈。课上给学生讲解评价的重要性，帮助学生树立“评价就是学习”的学习理念，重视评价。另外，教师利用大学英语四六级考试的反拨策略，结合四六级作文的范文进行作文点评，也能促进学生对写作问题的认真思考。针对学生不重视评价的问题，教师采取了二次评价的对策，也就是对学生的评价情况进行评价，对学生能够发现问题并提出合理性修改建议的评价给予充分肯定，同时对没有认真评价的同学提出有效改正建议，这样让学生认识到教师对学生评价的高度关注，进而促进学生重视作文评价。最后，教师将修改质量高的作文在网络教学平台进行展示，并指出修改的亮点，让学生认识到提高修改质量是个可及目

标。总的来说，第三轮行动研究的教学计划与行动见表 2－13。

表 2－13　教学计划与行动

时间	应对问题	解决问题办法	教学使用策略
课前	雷同问题	修订评价标准，鼓励新学词汇与创新性语言的使用，给予进步积分奖励，如果出现雷同现象，会减掉部分平日成绩，作文修改整体表现纳入平日成绩考评。同时辅助于学术诚信教育，要求学生树立尊重别人思想、不抄袭、不作弊的学术态度	积分奖惩策略 诚信育人策略
	准备不充分	教师及时跟进学生的 Unit 4 作文评价及 topic＋supporting 写作技能微课学习情况，并对学习进度通过微信班级群进行及时反馈，对进度较慢的同学给予及时微信提醒	及时反馈策略
	不认真思考	鼓励学生对自学微课、TSCA 评价过程中不理解的内容提问，并给予提出有意义、有价值的好问题的同学进行口头表扬并进行及时统一反馈	积极评价策略 及时反馈策略
课上	不认真思考	评价重要性，包括宏观和微观两个层面	价值驱动策略
课下	不认真思考	讲解典型样本中的典型问题时，辅助于大学英语四级作文范例进行说明，引起学生的高度重视	考试反拨策略
	不重视评价	学生提交修改后的作文，教师对学生的修改情况进行第二次整体评价，包括修改正确的方面和依然存在的重要问题。教师以微信群发短信的形式进行统一回复	价值驱动策略
	不重视评价	对修改质量高的作文进行优秀修改案例展示，鼓励学生能够认真修改作文，同时给其他同学树立可及目标	积极评价策略

2. 教学观察与反思

教师采取上述表 2－13 中所提出的策略后，从学生讨论和提交作业来看，全班 26 名同学没有出现雷同现象。课上教师对典型问题点评后，组织学生分成 4～6 人一组开展同伴互评。课堂观察说明，全班 26 名同学都在积极参与作文评价，态度认真，讨论热烈，也有小组提出问题与老师进行互动，寻求老师建议。总的来说，评价效果较好。从学生提交的作文来看，绝大部分作文采用了“主题句＋支撑句”的结构，主题句观点鲜明，支撑句具有说服力，论说逻辑性强，语言比较流畅，没有重大语法错误。如下面一个学生作文所示：

Dear Jack,

I am glad I can help you with your course selection. Chinese Moder Literature is a course, which is interesting. It is a free course of thought. Now, let me tell you the teaching method an organization form of this course.

As we all know, different course have different teaching method. The course of Chinese Moder Literature is no exception. Literature always give us ideas, so the educators catch this characteristic and pint out many famous sayings of famous Chinese writers and hang them in classroom, restaurants or other conspicuous please. The purpose is for us to learn Chinese Moder Literature. This way also let us learn this course more easilier. For teachers, they will tell us some famous Chinese writers such as Lu Xun, Bing Xin etc and their works. We will learn their life, thought and other things.

In addition to teaching method, for this course, the organizational also has its unique place. As a result, people pay less and less attention to Chinese Morden Literature. This course made many reforms. From the past pure lecture teaching to the present practice teaching. This change of the form of organization made the course more colorful. We will visit the famous writers's former home and experience the author's feelings at that time.

In my opinion, it is a good course, which can enrich our mental world. If you choose this course, you will find a beautiful literature.

Yours Li Hua

该同学在给留学生朋友 Jack 的邮件中，开门见山高度评价了“中国现代文学（Chinese Modern Literature）”这门课程，并对邮件内容进行了概述。邮件在第二和第三段中采用两个段落主题句的形式分别总览段落主要内容，进而详细介绍了这门课的教学方法与组织形式。语篇结构清晰。

本研究经过三轮师生合作评价的行动研究，发现提高师生合作评价的有效策略主要有：单元目标导向策略，在线技术辅助策略，关注策略，个性反馈策略，价值驱动策略，积分奖惩策略，积极评价策略，学术诚信育人策略和考试反拨策略。上述策略的有效性还有待于教学实践的进一步检验。从这次行动研究来看，学生作业雷同现象是一个引起高度重视的问题，育人要先于育才。随着课程思政教学的推进，立德树人教育目标要有机融入所有教学环节，包括教学评价中，这是所有课程理应承担的育人责任。未来师生合作评价的研究也要重视育人元素的挖掘和价值引领。外语课程思政范围要覆盖外语教学的方方面面，从教学目标到教学内容，从教学管理到教学评价，要实现全方位育人。

第三章 大学英语后续课程改革实践研究

第一节　中国农业文化概览课程育人框架与实践

培养什么人、怎样培养人、为谁培养人是教育的根本问题，立德树人是教育的根本任务。《高等学校课程思政建设指导纲要》明确提出所有高校、所有教师、所有课程都承担好育人责任，守好一段渠、种好责任田，使各类课程与思政课程同向同行，将显性教育与隐性教育相统一，形成协同效应，构建全员全程全方位育人大格局。本校响应国家政策，积极鼓励所有课程进行课程思政的探索与实践。随着中国文化走出去的文化强国战略的推进，为了更好地培养学生讲好中国文化故事，青岛农业大学从 2020 年 3 月开始在大学英语第四学期开设了“中国农业文化概览”等系列文化课程，称为大学英语后续课程，在全校范围内供普通本科学生自主自愿选课，同时该课程面向本校提高班学生开设。如何依托中国文化知识类课程进行价值塑造、知识传授和能力培养的有机融合是一个值得探讨的时代课题。本书以“中国农业文化概览”课程为例对该类课程育人路径进行了理论构建与实践，主要包括课程育人目标、课程育人资源、课程育人框架、课程育人教学组织、课程育人效果等方面，旨在抛砖引玉，为其他同类课程提供借鉴和参考。

一、课程育人目标

青岛农业大学是一所普通高等农林院校，是山东特色名校工程首批立项重点建设大学，2014 年入选第一批卓越农林人才教育培养计划改革试点项目，人才培养目标是实践能力和社会责任感强的矢志“三农”的高素质应用型专门人才。课程育人方向是提升学生农业文化辩证思维意识和知农、懂农、爱农的文化素养，重点是培养学生中国农业文化翻译能力、表达能力、辩证分析能力和评论能力。课程育人目标如下：

教学资源目标：结合神话、农书、节气、农具、习俗、丝绸等中国古代农业文化主题，有机融入现代农业文化元素与思想，建立具有时代性和前沿性的教学内容；依托教材话题，建立中国文化主题拓展阅读资源；充分利用网络信息技术，建立文字、图片、视频一体化的思政教学案例库。

教学体系目标：落实全方位育人格局战略举措，建立 3OPMP 思政教学体系，构建“3 级目标+3 维空间+3 个模块+3 过程评价”的育人路径。思政教学目标分为微观、中观、宏观三个级别，充分利用课堂、网络、社会三个空间进行思政教学，建立知识、案例、实践三个模块的育人路径，对学生的课堂、线上、线下合作三个学习过程进行育人效果评价，实现价值塑造、知识传授和能力培养的有机融合。

教师发展目标：通过研课、磨课、观课、评课、论课，打造一支师德高尚、勇于创新、具有“三农”情怀的语言教学水平和育人教学水平双高的教师队伍。

二、课程育人资源

本课程一贯坚持立德树人根本教育任务，充分挖掘中国农业文化元素和思想，融入社会主义核心价值观、思想道德修养、文化修养和人文修养，培养学生的家国情怀、知农懂农爱农的“三农”情怀和农业文化认同。育人教学将显性教育与隐性教育相统一，形成协同育人效果，基于此建设了丰富的育人教学资源。

（1）解构教材内容，自建中国农业文化在线课程。建成 69 个中国农业文化知识点教学微课，时长 547 分钟，配套学习练习题库，包括 345 个练习题、30 个讨论题、50 个测试题等。

（2）拓展教材主题，建设农业文化主题阅读资源库。按照单元章节与主题阅读 1∶3 的比例进行建设，共包括 32 篇农业文化拓展阅读。

（3）深挖文化现象，融入中国优秀农业文化思想。具体包括农耕务实精神、天地人和谐观、传统生态农业思想等。

（4）对比古今农业文化，导入现代农业文化元素。融入现代农业文化思想，体现育人教学内容的时代性和前沿性。

（5）编写立体化育人案例，建立思政教学案例库。围绕社会主义核心价值观、文化素养、道德修养、职业品格、“三农”情怀等育人内容重点，制作集文字、图片、视频一体化的育人教学资源库，包括 13 个育人教学设计案例和 12 个育人视频案例。

三、课程育人框架

贯彻落实全方位育人格局战略举措，充分利用课堂、网络、社会的三空间理论，建立“3级目标+3维空间+3个模块+3过程评价”的育人教学模式，简称3OPMP模式（图3-1）。

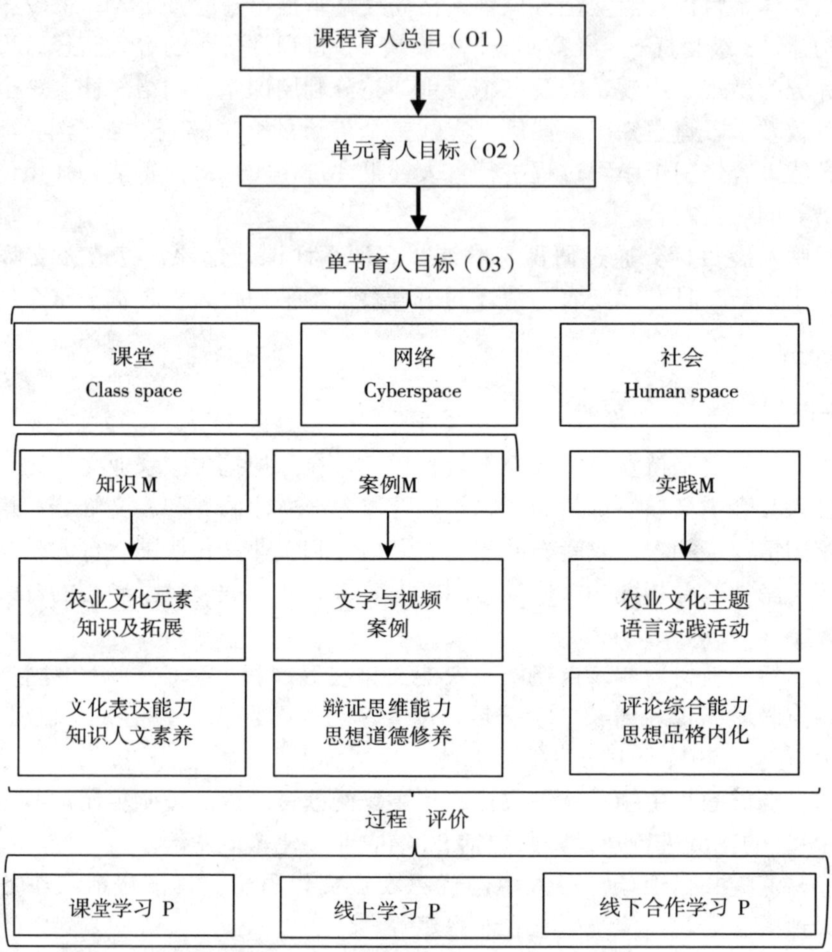

图3-1 3OPMP育人教学模式

3O（Objectives）指将课程育人目标分为“课程总目标+单元目标+单节目标”三个级别，分别在宏观层面上实现价值塑造和意识形态引领，在中观层面进行认知态度与政治引领，在微观层面融入育人元素。

3P（Spaces）指充分利用“课堂+网络+社会”三个空间打造“课堂学习共同体+网络学习共同体+社会小组合作学习共同体”的协同育人空间，助力全方位育人格局的达成。

3M（Modules）指构建“知识+案例+实践”的三模块育人路径。文化知识模块：挖掘中国农业文化元素，进行古今农业文化拓展，提高文化表达能力。育人案例模块：选取具有教育价值的人物与事件撰写文字育人案例和制作视频育人案例，培养学生文化辩证思维能力。实践活动模块：设计多样化的中国文化主题语言实践活动，内化思想道德与品格修养教育。

3P（Processes Evaluation）指对学生的课堂学习—线上学习—线下合作学习三个学习过程的评价，分别对学生表现性学习任务、育人资源在线学习情况、中国文化主题语言实践任务的完成情况的评价。三部分评价有机衔接、全面客观评价育人效果。

四、课程育人教学组织

1. 落实翻转课堂，采用产出导向的层级式混合育人教学设计

设计具有价值引领作用的单元产出任务，建立多样化层级式育人学习任务。采用翻转课堂教学组织形式，将记忆、理解的低阶思维技能训练任务放到线上供学生自主学习，将应用、分析、评价、创造的高阶思维技能训练任务放到课堂进行，线上线下有机衔接，实现价值塑造、知识传授和能力培养的有机融合。

2. 依托词达人微信公众号，定期进行英语思政词汇学习

依托词达人微信公众号成立教学班级，采用词达人英语思政词汇资源，定期向学生发布词汇学习任务。资源包括 300 个词汇，每次发布 20 个进行在线学习，学习情况纳入课程过程性评价。

3. 深化育人目标，开展中国文化主题语言实践活动

一个学期至少开展 3 次中国文化主题语言实践活动，如我来讲中国神话故事、我家乡的节气习俗和了不起的水利工程。活动分个人和小组两种形式，进行课堂和网络展示。

4. 以赛促学，鼓励学生参加中国文化主题英语竞赛

每年教师鼓励学生参加中国文化主题的各类比赛，与课堂和网络育人形成协同效应，共同致力于提升学生中国文化和思想价值观的理解能力、思辨能力和国际传播能力，推进中国故事和中国声音的全球化表达。例如，2022 年鼓励学生参加了外研社·国才杯“中国向世界贡献的智慧”全国英语演讲大赛和外研社·国才杯国际传播力短视频大赛。通过参加比赛，学生不仅可以提高中国文化的英语表达能力，还可以增强中国文化认同感。

5. 增加过程性评价考核比例

过程性评价比例由以往的 30％调整为 50％。将课堂学习、线上学习、线下合作学习三个学习过程的评价全部纳入考核评价范围，加强对育人教学资源

学习情况和相关学习任务的完成情况的评价，重点评价内容包括学生表现性学习任务、育人资源在线学习情况、中国文化主题语言实践任务的完成情况。

6. 建立四位一体的连动式教学管理机制

秉承“一个学生也不能落下”的课程育人理念，教师团队借助网络教学平台与微信，建立“通知＋接龙＋反馈＋评价”四位一体的连动式育人教学管理机制，保障育人教学效果。教师通过微信和学习通网络教学平台通知学生学习内容，微信班级群里接龙完成情况，线上线下及时反馈学生的学习问题，课上围绕重点典型问题进行师生合作评价。

五、课程建设育人效果

课程建设效果显著，2019 年教学团队编写出版了农业农村部“十三五”规划教材《中国农业文化概览》，2021 年该课程被认定为省级一流本科混合式课程，2022 年被认定为校级课程思政示范课。

1. 提高学生语言水平

我们把 2019—2020 年第 2 学期的教学班（本校教学班级由 1～2 个自然班合班组成）电自化 1803 班、环工 1801 化工艺 1802、会计 1803－4 三个实验班的课程成绩统计了平均分，分别是 77.5 分、78.6 分、78.1 分，三个班级的平均分是 78.1 分。实验班电自化 1803 班的对照班日语 1802 商务 1801 的课程平均分是 68.4 分，比实验班低 9.1 分。我们利用 SPSS 软件分别对实验教学班与对照教学班的平均分进行了独立样本 t 检验，检验结果显示，实验班电自化班的成绩与对照班日语 1802 商务 1801 的成绩存在显著差异（$t=4.948$，$df=77$，$Sig=0.000$）。实验班环工 1801 化工艺 1802 的对照班应化 1802 的平均成绩是 70.8，比实验班低 7.8 分。独立样本 t 检验结果显示，环工 1801 化工艺 1802 的成绩与应化 1802 的成绩存在显著差异（$t=6.943$，$df=134$，$Sig=0.000$）。上述数据表明 3OPMP 育人框架对提高学生英语水平有着明显的促进作用。

2. 提高学生活跃度

从 2020 年春季学校教务处发布的本专科在线教学质量报告来看，该课程的活跃度排在全校 778 门在线课程的第 5 位。这也说明学生比较喜欢这门课程，大大激发了学生的学习兴趣和内在动机，极大提升了学习效果。截至 2022 年 7 月，实验班学生共完成 600 多个作品，包括水利工程视频讲解汇报、24 节气分类思维导图等。

本课程教学效果的取得得益于以下有效措施的实施：

一是充分利用网络教学平台，自主研发中国农业文化知识点微课。将单一的育人教学资源发展为集图片、文字、视频三种模态的在线开放共享资源。

二是采用产出导向设计翻转课堂。基于单元主题，设计具有价值引领作用的产出任务，建立多样化的教师促成活动，分别进行线上低阶思维技能和线下高阶思维技能促成，共同助力学生产出任务完成。例如，第三章的产出任务是在中外农业文化交流会议上介绍中国24节气。线上制作4个教学微课，并配套练习和3篇拓展阅读，供学生课前自主学习。课上组织学生对节气分类、内涵思想、现代价值等内容进行示例展示、个人汇报、小组讨论、主题讨论等促成活动。课下学生完成产出任务，下次课上进行师生合作评价。

三是自编中国农业文化概览教材。在查阅有关农业文化的文献后，基于学生调研，确定了24节气、农书、农具等10个农业主题，编写出版了校本教材《中国农业文化概览》。该教材的内容紧密对接农业主题，符合本校学生涉农专业英语学习诉求，有助于学校矢志“三农”的高素质应用型人才培养目标的达成。

综上所述，中国农业文化概览课程育人框架和路径已经经过3个教学学期的检验，效果显著，但也存在一些问题，如：中国农业文化拓展阅读材料的学习任务形式单一，仅有讨论与评论两种方式；农业文化知识传授主要采用中国文化视角，缺失西方文化视角下的对比分析；育人案例教学主要采取灌输式的显性教育方式，不利于激发学生内在驱动力。针对问题，未来课程建设将采取以下改进措施：一是编写中国农业文化阅读教材。采用古今中西对比视角选取语篇，设计多样化学习任务。二是引入西方文化视角拓展教学内容。引导学生进行中西农业文化对比分析，建设教材授课文化拓展版的电子课件。三是深挖育人教学隐性教育方式，与显性教育相统一。四是建立中国农业文化学生翻译语料库。库容拟包括20万字。五是建立育人小课堂视频库。聚焦时代案例和典型人物，选取多模态语料，配备英语讲解，制作教材育人小课堂视频，供教师自主选择设计课堂教学和学生自主学习使用。

第二节 中国农业文化概览课程思政育人案例设计

我们秉承育人成效为导向，基于单元主题的育人目标，引入典型人物、校友事迹和教师故事的典型育人案例，利用身边榜样的力量，培养学生的社会责任感，提升责任担当意识。我们紧扣教学内容，深耕传统优秀农耕文化的育人元素和教育资源，将农耕文化传播责任担当精神、中国农耕文化传统美德、中国梦教育、创新思维等融入教学全过程，提升学生农业文化传承发展的责任担当意识以及培养学生的文化自信和民族自豪感。同时，下面我们以中国农业文化概览课程简介、第二单元农书、第四单元农作物、第五单元黄河治理为例来说明该课程的思政教学育人案例设计方案。

一、学情分析

本课程的授课对象是本校大学英语提高班学生，该类学生根据大学入学后的大学英语分级考试成绩选拔，其成绩排名为全校新生的前10%左右，英语水平较高。学生专业主要是涉农专业，普遍存在中华优秀传统农业文化的英语表达能力不足、传承与发展意识不强的问题。然而，他们作为刚进入大学的涉农专业学生，对农业文化英语学习具有浓厚兴趣。基于此，该课程的语言目标主要是培养学生的农业文化英语表达能力，育人目标主要是融入中国农耕智慧，提升学生思想品德修养，培养学生的优秀传统农业文化认同感、传承发展意识和责任担当精神，增强学生知农爱农情怀。

二、育人案例一：伟大的中国文学翻译家——许渊冲

1. 案例简介

许渊冲，生于江西南昌，早年毕业于西南联大外文系，1944年考入清华大学研究院外国文学研究所，1983年起任北京大学教授。从事文学翻译长达60余年，译作涵盖中、英、法等语种，翻译集中在中国古诗英译，形成韵体译诗的方法与理论，被誉为“诗译英法唯一人”。在国外出版中、英、法文译著多本，包括《诗经》《楚辞》《李白诗选》《西厢记》《追忆似水年华》等中外名著。2010年获得“中国翻译文化终身成就奖”，2014年8月2日许渊冲荣获国际翻译界最高奖项之一的“北极光”杰出文学翻译奖，系首位获此殊荣亚洲翻译家。

2. 思政目标

很多学生对中国文化走出去的内涵不是很了解，也没有充分认识到学好翻译技能对于用英语讲好中国故事的现代价值和意义，更没有意识到掌握好翻译技能是当代大学生承担中国文化对外传播使命的时代诉求。基于此，确定本次课的育人目标是：

①让学生了解翻译是传播中国文化的一个重要途径，具有价值和意识形态问题。

②培养学生对中国文化的热爱之情，以及他们愿意翻译中国文化的责任意识和时代使命担当。

3. 教学设计思路

①教师举例：为中国文化走出去做出重大贡献的人——许渊冲，伟大的中

国文学翻译家。

②学生百度搜索许渊冲先生的重大贡献：主要翻译了什么中国文化作品？

③教师总结：在国外出版中、英、法文译著多本，包括《诗经》《楚辞》《李白诗选》《西厢记》《追忆似水年华》等中外名著。主持人董卿曾这样介绍他：因为他，西方世界遇见了李白、杜甫，遇见了崔莺莺、杜丽娘。

④学生百度搜索他的翻译理论是什么。

⑤组织学生欣赏他的两句诗词的翻译：

“曾经沧海难为水，除却巫山不是云。”

No water's wide enough when you have crossed the sea.

No cloud is beautiful but that which crowns the peak.

“海内存知己，天涯若比邻。”

If you have friends who know your heart.

Distance cannot keep you apart.

⑥学生分组讨论：从许老翻译中国诗词的例子中，你认为如何能够更好地翻译中国文化？

⑦学生分组交流：我们该如何翻译中国特色文化？要用什么翻译方法呢？

4. 思政教育与专业内容的融合点

本次课是课程导论课，课上，教师主要介绍中国农业文化概览这门课程的开课背景、授课内容、成绩比例等课程简介。其中一个重要授课内容就是：该课程的课程背景，也就是我们为什么开设这门课程。在这一部分，融进了“中国文化走出去”的国家文化强国战略。这里就通过中国伟大的文学翻译家许渊冲的例子说明，中国有许多为中国文化走出去做出重大贡献的人。

5. 教学内容

①什么方法可以更好地帮助我们讲好中国故事：翻译是一个重要途径。

②许渊冲是其中一个为中国文化走出去做出重要贡献的翻译家，他主要翻译了哪类中国文化作品？他的翻译理论是什么？他的重大翻译贡献是什么？

③赏析许老翻译的一些经典的中国诗词：

例如，“海内存知己，天涯若比邻”。

If you have friends who know your heart.

Distance cannot keep you apart.

④许老使用的翻译方法是什么？

⑤分析如何翻译好中国文化。

6. 教学方法

该部分使用的教学方法主要是师生交流互动法和学生合作学习。首先让学生通过百度搜索的方式了解许渊冲先生的翻译贡献和理论，在此基础上，教师引导学生分组合作完成两个学习任务：①主要翻译了什么中国文化作品？②他的翻译理论是什么？

然后让学生互动交流三个话题：①例子中用了什么翻译方法？②从许老翻译中国诗词的例子中，你认为如何能够更好地翻译中国文化？③我们该如何翻译中国特色文化？要用什么翻译方法呢？

7. 教学反思

该课程思政案例创新和特色是通过举例，生动地说明翻译是中国文化走出去的一个重要途径，而中国确实也有很多著名翻译家，通过翻译讲好了中国文化故事。这一案例有机融入了翻译的价值、中国文化走出去的文化强国战略、翻译方法和策略，能够激发学生学习中国文化负载词翻译方法与策略的动机和兴趣。预期效果是通过这一案例的学习学生能够认识到翻译的重要性以及提高中国文化翻译能力的重要性，培养学生讲好中国故事的责任担当。存在的问题主要是学生对中国文化翻译的目的、原则、方法等了解较少，也不了解什么是好的翻译。针对该问题，未来教学要融入中国文化对外传播和讲好中国故事的意义与价值方面的探讨以及翻译标准方面的讨论。

三、育人案例二：太守放羊——贾思勰

1. 案例简介

北魏年间，青州高阳郡城中不知从哪儿跑出来两百只羊，赶着羊群去放牧的不是别人，竟然是高阳郡的太守。在那个年代，放羊是身份卑微者的工作，太守放羊，闻所未闻，一时间青州百姓议论纷纷。有一天，文友来拜访高阳郡的太守，他一看高阳郡太守养了很多羊，就非常生气，就说：“你这不是有辱斯文吗？我们文人的风骨去哪里了？”太守不以为然，回应道：“圣人不耻身之贱也，而愧道之不行也；不忧命之长短，而忧百姓之穷。”这位太守名叫贾思勰，出生于青州书香门第，他引用《淮南子》中的话来表明志向：“圣人不以出身贫贱为羞耻，只怕大道得不到推行；圣人也不担忧生命短暂，而忧虑百姓生活的穷苦。”南北朝时期连年的战乱导致土地荒芜，北魏孝文帝即位后推行均田制，希望促进农业生产，但苦于许多耕牧之术失传，农业技术落后。贾思勰目睹百姓生活贫苦，决定放下身段，深入田间地头，收集整理农业生产经验。做太守之前，他就到过山西、河南、河北等地走访调查，做太守之后，他更是不惜亲自牧羊来进行实践，十多年里，贾思勰笔耕不辍，终于完成了一部

包罗万象的农业著作《齐民要术》。《齐民要术》全书10卷92篇，涉及粮食果蔬栽培、农副产品加工等内容。正如他在自序中所说，“起自耕农，终于醯醢（xi hai，泛指佐餐调料），资生之业，靡不毕书”，意思是“从耕种田地之术开始到酿造、腌制的方法结束，通过各种途径搜集到的帮助谋生的经验技术，无不都写在书里”。在中国这个“民以食为天”的农业大国，《齐民要术》是文人首次把文化与生产实践紧密结合的创举。贾思勰以笔为犁，总结农牧业生产规律，极大地推动了中国北方的农业生产，一直到今天都有重要的现实价值。人们把贾思勰称为“农圣”，学术界也有“农圣文化”之说。实际上，这都是对《齐民要术》影响巨大的一个评价。《齐民要术》是中国古代最完整最系统的一部农业著作，它在世界农学史上也是一座高峰。

2. 思政目标

针对青年学生存在的轻视农业和农业生产活动的现象及不少大学生认为涉农专业没有前途、不能实现自我价值的问题，确定本次课的育人目标是：

①培养学生爱农和敬农的情怀。

②培养学生树立将所学知识用于社会主义新农村建设的实践中去的理想信念。

3. 教学设计思路

①教师引发思考：你认为中国古代哪些人对中国农业发展做出了巨大贡献？

②教师引导思考：这些人的主要成就是什么？他们是如何取得这些成就的？

③教师举例：贾思勰著有《齐民要术》，推动了中国农业的发展。

④学生查看央视节目官网《太守放羊，有辱斯文吗？》：

https：//tv.cctv.com/2021/03/05/VIDEuU7bMSb1OQczFbl11MN4210305.shtml。

⑤学生结对子讨论：贾思勰为什么会投身到农业生产活动中去？他为什么能够取得如此了不起的成就？贾思勰牧羊的故事给我们什么样的启发？

⑥教师总结：贾思勰创作的初衷及当代青年应该持有的学习和工作态度。

4. 思政教育与专业内容的融合点

中国四大农书对中国农业的发展起着不可估量的作用。农书的编撰不是空中楼阁，作者必须是知识分子，还要对农业生产活动有非常深入的了解。这些农书的问世，大都是得益于一些有着较高社会地位和身份的人走向田间地头，从事着所谓的“卑微”的体力劳动。这种实事求是的态度、心系百姓的情怀都是我们当今大学生应该具有的。

5. 教学内容

①齐民要术的作者是贾思勰，思考：他是如何写出这部巨作的？

②“太守牧羊”案例简介：贾思勰出身书香门第，身为太守，常深入田间地头，收集整理农业生产经验。更是不惜亲自牧羊来进行实践，十多年笔耕不辍，完成了一部包罗万象的农业巨著《齐民要术》，这是文人首次把文化与农业生产实践紧密结合的创举，极大地推动了中国北方的农业生产。

③学生讨论话题：贾思勰为什么会投身到农业生产活动中去？他为什么能够取得如此了不起的成就？贾思勰牧羊的故事给我们什么样的启发？

④教师总结。贾思勰心系百姓疾苦，认为个人的身份地位甚至生命都比不上为老百姓解忧更为重要。

他之所以取得这样的成就有两个方面的原因：一是亲身实践参与农业劳动，二是学识渊博从而有能力将这些经验进行归纳整理，他将文人和农民的两个身份做了完美的结合，是一位了不起的农学家。

这个故事给我们的启发是作为新时代的知识青年，我们要树立正确的劳动观，走向田间地头会让我们有更大的作为。

6. 教学方法

该部分主要采用小组讨论教学法。教师组织学生思考讨论了如下话题：贾思勰为什么会投身到农业生产活动中去？他为什么能够取得如此了不起的成就？贾思勰牧羊的故事给我们什么样的启发？

7. 教学反思

该课程思政的案例创新和特色是通过“太守牧羊”的故事启发学生思考，如何将自己的文化知识和社会实践相结合。预期效果是通过这一案例的学习能够让学生认识到知识和劳动是可以很好地融合的，培养学生爱农敬农的情怀，激发学生将个人发展和社会发展相结合，积极为社会发展做出贡献。存在的问题主要是：因为社会上存在急功近利不良风气，会给青年学生带来一些冲击，需要在课程教学中融入类似案例，让学生不断形成自己的积极向上报效国家和人民的价值观。

四、育人案例三：禾下乘凉梦——袁隆平

1. 案例简介

袁隆平生于动乱年代，从小过着颠沛流离的逃难生活，自小亲历过饥饿的他，下决心一定要解决粮食增产问题。他曾种下两个梦：一个是“禾下乘凉梦”，梦想试验田的水稻像高粱那么高，穗子像扫把那么长，颗粒像花生那么大；另一个是杂交水稻覆盖全球，保障国家和世界的粮食安全。他一生致力于

杂交水稻技术的研究、应用与推广，长期奋战在农业第一线。从不断刷新纪录的亩产，到耐盐碱海水稻的创新试种……让大家吃饱又吃好，是袁隆平一生的追求，每一个新品种都凝聚着他的汗水和智慧，都是在实现着他的梦想。

2. 思政目标

针对当前青年学生普遍存在着浪费粮食和过度消费的问题以及对未来理想目标缺乏明确规划的现象，确定本节课的思政教学目标是：

①培养学生节约粮食尊重劳动的美德。

②培养学生树立远大理想和为理想奋斗的精神。

3. 教学设计思路

①教师引发思考：将野生植物培育为农作物给社会发展带来了什么样的影响？当今社会还有粮食安全问题吗？中国农学专家取得了什么成就？

②教师举例：袁隆平的禾下乘凉梦。

③学生阅读资料 Yuan Longping（1930—2021） | Nature Plants，回答袁隆平所做的贡献。

④学生结对子讨论：袁隆平为什么会取得如此大的成就？

⑤教师总结：袁隆平树立解决粮食增产问题的志向（ambition）、对专业的热爱和坚持（passion and patience）成就了他的伟业。粮食安全问题是长期存在的，是人类共同关心的事业。

4. 思政教育与专业内容的融合点

自古至今，民以食为天，粮食安全是关系国计民生的大事。农作物的培育和种植使得越来越多的人过上安居乐业的生活。本节课讲述了中国古代社会农作物种植状况及对社会发展的影响，但是当今社会，粮食问题依然严峻，将袁隆平先生的“禾下乘凉梦”纳入课堂教学中，可以让学生意识到农作物优良品种的培育对中国及全世界的重要意义，农学院学生的担当和责任，同时学习到袁隆平先生一生为理想奋斗的精神。

5. 教学内容

①思考问题：将野生植物培育为农作物给社会发展带来了什么样的影响？当今社会还有粮食安全问题吗？中国农学专家取得了什么成就？

②“禾下乘凉梦”案例简介：袁隆平生于动乱年代，从小过着颠沛流离的逃难生活，自小亲历过饥饿的他，下决心一定要解决粮食增产问题。他研究的杂交水稻将水稻产量由每亩 300 千克提升到 1 200 千克。但是还有更高的梦想，他还有一个“禾下乘凉梦”，梦想试验田的水稻像高粱那么高，穗子像扫把那么长，颗粒像花生那么大，让全世界的人不仅仅吃饱，更要吃好。

③学生阅读资料并讨论：袁隆平取得了哪些成就？推动他做出巨大贡献的

力量是什么？

④教师总结：袁隆平生于动乱年代，自小亲历过饥饿，深知解决粮食增产问题的意义。他博览群书，在工作过程中饱满的工作热情、坚持不懈和不计个人得失的奉献精神都使得他的工作能够不断取得进展。

6. 教学方法

该部分主要采用小组讨论教学法。教师组织学生思考讨论了如下话题：将野生植物培育为农作物给社会发展带来了什么样的影响？当今社会还有粮食安全问题吗？中国农学专家取得了什么成就？

7. 教学反思

自古至今，民以食为天，粮食安全是关系国计民生的大事。农作物的培育和种植使得越来越多的人过上安居乐业的生活。本节课讲述了中国古代社会农作物种植状况及对社会发展的影响，但是当今社会，粮食问题依然严峻，将袁隆平先生的“禾下乘凉梦”纳入课堂教学中，可以让学生意识到农作物优良品种的培育对中国及全世界的重要意义，农学院学生的担当和责任，同时学习到袁隆平先生一生为理性奋斗的精神。

该课程思政的案例创新和特色是通过“禾下乘凉梦”的故事启发学生思考粮食安全问题及农学院学生对粮食安全问题的责任和担当，如何树立远大理想并为之而奋斗。预期效果是通过这一案例的学习能够让学生认识到在学习工作过程中，要有大格局，要胸怀祖国和人民，要不断给自己确立新的目标，能够更加热爱农业，有强烈的粮食安全意识。存在的问题主要是：受享乐主义不良风气的影响，在青年学生中有浪费粮食的问题、有因为理想信念不坚定混日子的现象。需要在课程教学中融入类似案例，培养学生的担当意识、责任意识以及为理想奋斗的信念。

五、育人案例四：三过家门而不入——大禹

1. 案例简介

大禹，夏朝开国君主，历史治水名人。新婚不久，就离开妻子，踏上治水之路。在治水的过程中，禹走遍天下，对各地的地形、习俗、物产等皆了如指掌。为了不耽误治水，大禹曾三过家门而不敢入，被传为美谈，至今仍为人们所传颂。这则案例体现了大禹舍小家为大家的牺牲精神和良好的德行。在当今激烈的竞争中，古人的这种献身精神和主人翁的责任心态值得我们学习。

2. 思政目标

在社会主义现代化建设的伟大事业中，不少学生缺乏大公无私的献身精神，主人翁意识不强。同时，学生用英文讲述中国经典文化故事的能力以及对

外传播意识比较薄弱，没有充分认识到提升中国文化翻译能力的时代责任感。针对上述两个问题，确定本次课的育人目标是：

①理解并正确解读大禹治水“三过家门而不入”所体现的中国文化中的舍小家为大家的传统美德，培养学生的主人翁意识和大公无私的献身精神。

②培养学生正确的翻译价值观，提升学生用英语讲好中国农耕文化故事的能力。

3. 教学设计思路

①教师引出话题：由大禹治水过程中有哪些经典轶事引出“三过家门而不入”的故事。

②教师引导思考：教师给出关于大禹“三过家门而不入”的汉语字幕视频，引导学生思考大禹“三过家门而不入”所体现的中华民族传统美德。

③教师给出参考答案。

④小组活动：小组合作网络检索近现代体现“舍小家为大家”献身精神的人物的有关材料，制作 PPT，利用 EV 录屏软件录制英文配音视频。

⑤对比分析大禹与所搜集的近现代具有“舍小家为大家”献身精神人物的共同美德。

⑥教师总结：大禹治水“三过家门而不入”生动地体现了“舍小家为大家”的自我牺牲精神和责任担当。作为一名大学生，在社会主义建设的伟大事业中，面临激烈的竞争，更应具备高度的主人翁意识，勇担责任，敢于自我牺牲，为集体、国家无私奉献自己的力量。

⑦学生独立作业：用英语讲述大禹“三过家门而不入”的故事以及个人收获。

4. 思政教育与专业内容的融合点

洪涝治理与灌溉这一章的一个授课内容是大禹治水“三过家门而不入”。在讲述这一故事时，除了明晰大禹三过家门而不入的故事情境之外，将故事的讲述上升至故事评价与思想品德提升的层面。大禹是古代治水的著名人物，他的伟大之处在于他的“舍小家为大家”的自我牺牲奉献精神与责任担当，这在他治水的故事中均得以体现。因此，大禹“三过家门而不入”的故事是对大禹评价的重要依据，这对学生价值观与人生观的培养具有重要教育意义。

5. 教学内容

①大禹治水“三过家门而不入”的故事。

②“三过家门而不入”体现的中华民族传统美德。

③中国近现代“舍小家为大家”的伟大人物。

④大禹治水“三过家门而不入”给予我们的启示。

6. 教学方法

该部分主要采用小组讨论和任务教学相结合的教学方法。教师首先引导学生思考大禹治水过程中有哪些经典轶事从而引出“三过家门而不入”的故事，组织学生观看关于大禹“三过家门而不入”的汉语字幕视频及材料，引导学生思考大禹“三过家门而不入”所体现的中华民族传统美德。在充分了解的基础上，教师组织学生探讨如何翻译大禹“三过家门而不入”的故事。

7. 教学反思

该课程思政的案例创新和特色是依托教材内容洪涝治理，自然而然有机融入了古代黄河治水的著名人物——大禹，尤其是其“三过家门而不入”的经典轶事。预期效果是通过这一案例的学习能够培养敢于担当的主人翁精神和“舍小家为大家”的自我牺牲奉献精神。存在的主要问题是：有关这方面的材料缺乏英语版本的视频材料，网络搜索到的是汉语版本的视频。针对该问题，未来教学中，教师可以通过自己制作 PPT 课件并撰写脚本，通过 EV 等软件自己录制英文版本的大禹治水相关视频，也可以发动学生自己录制相关视频，教学生“讲好中国故事”。

第三节　中国农业文化概览课程对学生中国文化翻译能力的影响研究

一、研究背景与研究问题

文化走出去是我国重要的文化发展战略，是我国建设文化强国与增强国家文化软实力的必经之路。基于此，我国高校大学英语教学积极响应国家文化建设方针，开始重视中国文化类教材研发和课程建设。《大学英语教学指南》（2017 版）（以下简称《指南》）明确提出大学英语的课程性质之一是人文性，重要任务之一就是进行跨文化教育，增进对不同文化的理解、对中外文化异同的意识，培养跨文化交际能力。《指南》进一步指出大学英语教学要求在翻译能力方面的发展目标是“语言表学生能借助词典翻译有一定深度的介绍中外国情或文化的文字资料，译文内容准确，基本无错译、漏译，文字基本通顺达意，语言表达错误较少”。《指南》鼓励各高校根据需要开设跨文化交际课程，提高级别的跨文化交际课程包括文化类和跨文化交际类课程，帮助学生提升文化和跨文化意识，提高跨文化交际能力。

从高校教学实践来看，长期以来大学英语教学实践过分强调外国文化观念和价值观的引介而忽略母语文化的输入，导致学生的母语文化英译能力明显不足，“中国文化失语症”现象较为普遍。笔者的大学英语教学实践亦表明很多学生的英语发音和口语表达都比较好，但却不能用英语正确表达中国文化，尤其是中国特色文化现象。众所周知，当代大学生既是目前跨文化交际的参与者，也是未来最大潜在群体，他们是跨文化交际过程中中国文化对外传播的重要力量。

鉴于国家文化走出去发展战略的号召和高校大学生英译能力提升的需求，青岛农业大学开设了大学英语后续课程“中国农业文化概览”，该课程的培养目标之一就是培养学生的中国文化表达能力和翻译能力。本研究以该课程的教学班为例来探讨大学生中国文化翻译存在的问题，旨在提出提升学生母语文化翻译能力的有效策略。

二、数据收集与结果分析

1. 教学对象

选修“中国农业文化概览”课程的57名2018级大学本科学生，专业包括会计、食品、农学、植保等。学习时间是大二第二个学期，学时是56个，历时一个学期14个教学周。

2. 研究语料

基于课程单元，共布置了6次段落翻译作业，共收集342份书面作业。翻译主题分别涉及神农、清明节、齐民要术、耒耜、黄河、春节6个中国文化主题，共包含35项中国特色文化负载词。具体语料见表3-1。

表3-1 翻译文化主题及中国特色文化负载词

序号	文化主题	中国特色文化负载词
1	神农	神农、五谷
2	清明节	清明节、春分、寒食节、冷饽饽、青团子
3	齐民要术	齐民要术、北魏、轮作、套种
4	耒耜	耒耜、先秦、西周、天子、籍田、踏犁
5	黄河	黄河、青藏高原、省、中国之痛、悬河
6	春节	春节、农历新年、贴年红、春联、门神、年画、福、团年饭、压岁钱、守岁、舞狮、踩高跷、扭秧歌

3. 统计方法

手工标注了35个中国特色文化负载词的翻译方法，主要有直译、意译、解释性翻译、音译等，根据标注，统计出翻译方法的使用频率。另外，手工统计了35个文化负载词的翻译形式。统计说明：翻译语料中的同一文化负载词的同一种翻译方法和翻译形式不重复计算，单复数的不同形式记录为同一种翻译方法。学生使用的翻译形式详见表 3-2。

4. **数据结果分析**

基于表 3-2 的翻译形式，共计 97 种翻译形式，其中包括 2 处没有翻译的情况。对 95 种翻译形式进行了翻译方法的标注，主要有 6 种翻译方法，分别为直译、音译、意译、音译+直译、直译+意译、音译+解释，其中 3 处错误翻译。具体数据如表 3-3 所示。

表 3-2　中国特色文化负载词翻译形式

文化负载词	数量	示例	文化负载词	数量	示例
神农	2	Sheng nong, Shengnong	青藏高原	3	The Tibetan Plateau, the Qinghai-Tibet Plateau, the qinghai-tibet plateau
五谷	3	the grain, the grains, five grains	省	1	province
清明节	4	Qingming, Qingming Festival, tomb-sweeping day, The Ching Ming Festival	中国之痛	2	China's Sorrow, China's pain
春分	0	—	悬河	2	suspended river, hanging river
寒食节	2	Cold Food Festival, Hanshi Festival	春节	1	The Spring Festival
冷饽饽	5	Lengbobo, cold pastry, cold buns, cold cakes, cold meat, lengbobo (a cold staple food made of flour)	农历新年	1	lunar new year
青团子	5	Qingtuan, qing tuanzi, green dumplings, youth tuanzi, green children	贴年红	10	pastes the red Festival, paste red, paste spring couplets, paste the new year's red, pastenianhong, paste nian red, paste the year red, stick the red of the year, post the new year red, post the New Year's Red
齐民要术	2	Qimin Yaoshu, Qi Min Yao Shu,	春联	2	Spring Festival couplet, Spring Festival couplets

（续）

文化负载词	数量	示例	文化负载词	数量	示例
北魏	2	Northern Wei Dynasty，northern wei dynasty	门神	2	door god，door gods
轮作	2	rotation，crop rotation	年画	3	New Year's painting，New Year painting，new year pictures
套种	0	—	福	1	fu
耒耜	2	Leisi，LeiSi	团年饭	4	New Year's eve dinner，Team New Year's Eve，reunion dinner，New Year's Day
先秦	1	the pre－qin period	压岁钱	2	New Year's Day money，lucky money
西周	2	The Western Zhou Dynasty，the western zhou dynasty	守岁	6	shousui，Shou Sui，keep the year，keep the new year，keep the old age，celebrate the New Year
天子	3	the son of heaven，emperors，the emperor，	舞狮	1	lion dance
籍田	6	the field，the fields，the land of Ji，the cadastral land，the land，The emperor will bow and plow in his own fields	踩高跷	2	stilk walking，Cai Gaoqiao
踏犁	7	Tramping plough，tread plough，plow，ploughs，treadle，the plough，treading plough	扭秧歌	4	Yangko dance，yangge dance，Yangko dancing，Yangko twisting
黄河	1	The Yellow River			

表 3－3 中国特色文化负载词翻译方法

翻译方法	示例	数量	比例（%）
直译	门神 door god	49	50.5
音译	耒耜 leisi	14	14.4
意译	压岁钱 lucky money	6	6.2
音译＋直译	青藏高原 The Qinghai－Tibet Plateau	16	16.5
直译＋意译	冷饽饽 cold cakes	6	6.2
音译＋解释	冷饽饽 lengbobo，a cold staple food made of flour	1	1.0
错误翻译	守岁 Team New Year's Eve	3	3.1
无翻译	春分、套种	2	2.1

根据表3-3的数据，可以看出学生主要使用直译的翻译方法进行翻译，占累计总数97个翻译方法的50.5%，另外，音译、音译+直译的翻译方法比例也比较高，分别占总数的14.4%和16.5%。从翻译策略的角度讲，直译、音译翻译方法的重要特点是保留本族语文化的特点，其表达形式主要采用目的语中的对等词汇，故此类翻译方法属于异化翻译策略。相比较而言，意译翻译比例较低，仅占6.2%，“直译+意译”“音译+解释”的综合翻译方法使用比例也很低，约占7.2%。众所周知，意译属于归化翻译策略，也就是说，归化翻译策略使用比例很低，并且归化与异化综合使用的翻译方法使用比例也很低。表3-3的数据也表明，学生共有3处翻译错误，这属于完全脱离语境的不正确翻译，另外有2处没有翻译。

三、翻译存在的问题分析

1. 翻译方法单一

根据表3-3的数据，我们可以看出使用比例最高的翻译方法是直译，所占比例最高，约占50.5%，单一音译、意译翻译方法分别占14.4%和6.2%，因此，单一方法使用共计71.1%。语言是文化的载体，文化是语言的内涵，每一种文化都有其独特性，任何不同语言都存在文化不对等现象，这就使得有时单一翻译方法不能有效表达母语文化。从文化对外交流的角度来说，有时单一翻译方法也不能有效地让外国受众认识和理解我们的母语文化，也就不利于中国文化的对外传播。在上下文语境缺少对文化现象的意义和内涵进行解释的情况下，单一的直译或音译将不利于中国特色文化的对外交流。如“五谷”的翻译，直译为Five Grains or Grains是不恰当的。因为，五谷有多种不同说法，最主要的有两种：一种指稻、黍、稷、麦、菽，另一种指麻、黍、稷、麦、菽。两者的区别是：前者有稻无麻，后者有麻无稻。可见，译者需要对五谷的内涵进行充分的解释，不然英语受众根本不了解此处“五谷”指的是哪五种粮食，就会存在理解空缺。再如，“冷饽饽”的翻译，音译为汉语拼音leng-bobo就会让英语受众很困惑。此处如果没有上下文语境解释的话，拼音对于英语受众来说只是一些没有意义的字母而已。可以说，在上下文语境缺失的情况下，翻译方法的单一不利于译者用英语讲好我们的母语文化。

2. 翻译策略重异化轻归化

众所周知，直译、音译、“直译+音译”这三种翻译方法属于异化翻译策略，分别占50.5%、14.4%和16.5%，共计81.4%。意译属于归化翻译策略，仅占6.2%。“直译+意译”与“音译+解释”的翻译方法共占7.2%，这属于综合使用归化与异化的翻译策略。数据分析表明异化翻译策略的使用远远超过归化翻译策略。另外，学生综合使用异化与归化翻译策略的翻译比例也很低，共计7.2%。可见，学生主要采用异化翻译策略翻译我们中国文化中的特色文化现象。原因可能主要有两个：一是学生缺乏对中国特色文化的正确解读，二是英语水平不能满足翻译需要，无法进行正确地道的英语翻译。基于表3－3数据，学生语料中存在3处错误翻译和2处没有翻译，这是对上述两点原因的有力证明。

3. 翻译内容缺乏外宣意识

如前所述，异化翻译策略的比例远远超过归化翻译策略。异化翻译策略重在保留母语的语言表达形式，而归化翻译策略重在与目的语的语言形式保持一致。因此，如果采用异化翻译策略的话，母语文化中的特色文化现象的翻译就会停留在文化的表层内容上面，从而缺失深层的文化解读。因此，采用直译和音译翻译特色文化因子就不能对文化现象进行深度阐释。例如，“贴年红”翻译为paste year red或paste nianhong就不能将“贴年红”这种中国特色的过年习俗以及喜庆的节日气氛表达出来，英语受众对中国的这种特色文化就无从理解。从翻译语料来看，当前很多大学生在翻译的时候比较缺乏文化对外传播意识。

4. 译者缺失母语文化知识

根据表3－3的数据，学生有3处翻译错误和2处没有翻译，一个很可能的原因就是不理解母语文化或理解不正确。如“守岁”的翻译，翻译成Team New Year' Eve就是不正确的，因为“守岁”是中国民间的年俗活动之一，是一种人的行为，指在新年前除夕夜，将所有房子遍燃灯烛，合家欢聚，迎接新年，而此处的英译只译出了守岁的时间是除夕夜，也就是New Year's Eve。另外，所有学生都没有翻译“春分”和“套种”，如前所述，可能的原因是学生不理解“春分”和“套种”文化内涵。再比如，“籍田”的翻译，大部分学生翻译成了land或者field，这都是不全面的，因为“籍田”指的是古代天子、诸侯征用民力耕种的田。可以说，学生缺乏母语文化知识也是错译、误译的一个重要影响因素。

5. 翻译表达不规范

从表3－2的翻译语料来看，学生采用音译进行翻译的时候，存在拼音书写不规范的情况。如翻译人名“神农”的时候，出现了两种拼音形式，Shengnong和Sheng nong。神农姓姜，号神农氏。根据英语中名在前姓在后的人名表达习惯，神农的拼音可以音译为shennong，因此sheng nong分开写不符合英语人民的表达习惯。再如耒耜的翻译，有拼音首字母小写的形式，如leisi，也有首字母大写的形式，如Lei Si。这里拼音leisi不同于人名的音译，首字母大小写都可以，不存在表达习惯问题，但同一篇译文中要书写形式统一。

四、建议与对策

随着中国文化走出去的文化发展战略的推进，培养学生的英语翻译能力，尤其是中国文化的翻译能力，显得尤为重要和必然。众所周知，当前大学英语四、六级考试的翻译部分也重在考察学生的中国文化的英译能力，这是《大学英语教学指南》要求培养学生翻译能力的教学目标在国家级考试中的体现。因此，培养学生的中国文化翻译能力是高校英语教师需要思考的一个重要课题。基于本校中国农业文化概览课程的学生文化翻译作业的分析来看，未来的中国文化英语类课程需要在以下四个方面加强对学生文化翻译能力的培养。

1. 加强学生翻译方法和策略选择能力的培养

教学过程中教师需要有意识地培养学生的中国文化翻译能力。一是分析教材中中国文化翻译使用的翻译方法。可以引导学生挖掘教材中涉及的中国文化现象，分析其英语表达采用的翻译方法，并分析该翻译方法从跨文化交际的角度是否合适，如果不合适，应该采用什么翻译方法进行翻译。二是系统讲解翻译方法和翻译策略。结合教材中有关中国文化的语言现象，系统地讲解如何根据文化现象的不同选取不同的翻译方法和翻译策略。结合实例分析每一种翻译方法和翻译策略使用的适合条件。三是加强文化翻译实践。教师可以设计一些实践学生文化翻译能力的学习任务和活动，让学生在翻译实践中深化母语文化的翻译能力。比如教师可以设计这样的学习任务：让学生选取自己感兴趣的中国文化现象，用英语进行介绍，录制成视频或音频形式，供大家共享学习。这类活动不仅能培养学生的翻译能力，还能增强学生的英语学习兴趣和积极主动性。

2. 重视学生对外文化交流意识的养成

在中国文化走出去的时代背景下，我们进行翻译的一个重要目标是进行母语文化的对外交流，以用英语讲好中国故事。那么，教师在培养学生翻译能力的过程中，要重视学生对外文化交流意识的培养。选取翻译方法和翻译策略时不能仅仅考虑译文是不是正确表达了语言的表层意思，还要有读者意识，考虑英语受众能否理解译文。例如，红包翻译成 red envelope 就是不恰当的，英语受众是无法理解的，如果译成 red envelope with lucky money，英语受众就很容易理解“红包”这种中国文化现象的内涵意义了。

3. 加强学生母语文化知识的认知

了解并理解中国文化现象及内涵是正确翻译母语文化的先决条件。目前，中国大学生普遍存在中国文化失语现象，而且学生在文化翻译时经常会规避某些文化现象的翻译，这都说明了教师需要加强学生母语文化知识的认知培养。教师在教学过程中，可以结合教材中的西方文化内容，挖掘中国文化元素，采用中西文化对比的方式进行授课是个培养学生母语文化认知能力的可行路径。

4. 加强学生英语表达书写规范的培养

教师需要让学生了解国家出台的一些有关英文译写规范。国务院 1978 年批转《关于改用汉语拼音方案作为我国人名地名罗马字母拼写法的统一规范的报告》，该报告明确规定了有关人名和地名的英文写法规范。2017 年中国颁布了《公共服务领域英文译写规范》，是中国首个关于外语在境内如何规范使用的系列国家标准。学生有必要了解国家有关英文译写的规范和标准，这样才能确保译文的高质量。

第四节 农耕文化翻译自建在线课程的思考与建议

一、研究背景

随着教育技术的快速发展，线上线下融合的混合式教学逐渐成为高校新的教学改革模式。疫情期间，全国高校响应教育部的号召“停课不停学”，积极探索利用各种在线教学课程和资源开展线上教学和线上线下结合的混合式教学。2018 年教育部提出建设中国金课、打造五大金课的一流课程建设目标，其中包括线上金课和线上线下混合式金课。高等教育借助网络在线发展已成为不可逆转的趋势，在线课程建设是信息技术发展和当代大学生学习需求的必然诉求。目前，混合式教学已成为高校英语教学的新常态，为了提高混合式教学效果，高校教师结合教学实践，积极开展在线课程建设，在全国兴起“慕课”高潮。毋庸置疑，在线课程建设的质量会直接影响到混合式教学的质量和学生的在线学习效果。鉴于此，本研究依托“农耕文化翻译”在线课程建设，探讨对如何建设高质量的在线课程的思考并提出建议，旨在为未来在线开放课程建设提供参考价值。

二、农耕文化翻译在线课程的建设背景

2020 版的《大学英语教学指南》明确提出各高校应根据学校类型、层次、生源、办学定位、人才培养目标等，形成反映本校特色、动态开放、科学合理的大学英语课程体系。同时，指出各高校应充分利用信息技术，创建多元的教学与学习环境，满足学生作为“网络原住民”的个性化学习方式的需求。宏观

视角下审视当前的大学英语课程建设，中国文化类课程不仅匮乏而且开发不够深入，尤其是有关中国传统文化核心组成部分的农耕文化的内容更是鲜有提及。而且当代大学生作为中国传统文化传承与传播的重要力量，其对于本土文化的认知能力与传播能力不强，尤其是农耕文化的翻译能力更是薄弱。微观视角下，本校是一所普通高等农林院校，大部分学生所学专业具有涉农特色，但学生的英语应用能力，尤其是中国文化翻译能力非常薄弱，因此，他们对如何翻译农耕文化有着强烈的兴趣。鉴于此，学校鼓励英语教师开设涉农特色的英语课程并进行相应的在线课程建设，助力本校知农、懂农、爱农的高素质复合型、应用型人才培养目标的实现。在此背景下，“农耕文化翻译”在线课程建设应运而生。

三、有关如何建设高质量在线课程的思考

1. 学生的英语水平和需求

正如吴岩司长在第十一届中国大学教学论坛上所言，我们要有个基本判断，课程是人才培养的核心要素，学生从大学里受益的最直接、最核心、最显效的是课程，因此，可以说，课程最主要的使用对象应该是学生。从课程论的角度来看，拟建设的在线课程的教学目标、教学内容、教学方法与考核方式都要以学生的英语水平与学习需求为基础。当前，学界已经达成共识，教学要以学生为中心，注重学生学习成果的达成，同理，建设在线课程也要围绕学生这个中心展开。在线课程的建设者有必要关注两个方面。一是学生的英语水平，学生的英语水平决定了教师授课的英语难度。录制微课的教师要选取学生能够听懂的语言，否则，学生的微课学习效果会适得其反。讲课语言不仅要通俗易懂，还要生动有趣。二是学生的学习需求。在线课程建设者需要了解学生对学习内容与教学方式的需求。满足学生对学习内容的需求，才能激发学生在线学习的内在学习动机，采用学生喜欢的教学方法，才能让学生在无人监管的情况下进行自主学习，从而提高在线学习的效率。总的来说，本校学生的英语水平比较低，中国文化翻译能力比较薄弱，但是很多学生所学专业具有农业特色，对农耕文化翻译有着强烈的学习兴趣。这是“农耕文化翻译”在线课程建设的初心。

2. 在线课程建设框架

建设者进行课程建设前，要明确课程的建设框架。只有制定了明确的课程建设框架才能顺利推进建设工作。制定建设框架时要明确两个问题：对学生的培养目标是什么？要讲授的知识点是什么？我们以“农耕文化翻译”在线课程为例进行说明。该课程的培养目标是培养学生农耕文化翻译能力。那么如何建

课，才能实现这一培养目标呢？①明确课程的主题单元。最终确定8个主题单元，分别为农耕文化起源、农耕思想、24节气、农作物、农具、水利工程、农耕习俗以及农业文化对外传播与交流。②明确每个主题单元的知识点。首先是让学生了解农耕文化文本的典型语言特征，其次是基于该语言特征，我们应该选择什么翻译方法或技巧进行翻译。然后，我们还要以实例向学生展示和说明如何翻译。因此，该课程的每个单元都包括3个部分，分别为文本知识点与文本特点、翻译窍门、比读与赏析。

3. 微课单元的教学方法

确定了在线课程的建设框架和知识点后，建设者要思考每一个微课的教学设计思路。因为“农耕文化翻译”在线课程每个单元包括3个部分，每个部分的授课目标不一样，因此，根据授课目标我们主要采用了3种教学设计思路。

（1）中西语言特征对比分析法。每个单元的第一部分是文本特点分析，目的是让学生了解该类文本典型的语言特征，旨在让学生根据语言特征选取合适的翻译方法。这一部分采用的教学方法是中西语言特征对比分析法。例如，农耕文化类汉语文本的典型特征之一是叙述，定语修饰语较多。但是中英两种语言中定语的位置是不一样的，汉语中，通常是前置定语，英语中通常是后置定语。教师通过举例，进行两种语言定语位置的异同分析，学生能够更加容易地理解应该如何翻译汉语中的定语前置修饰语。

（2）示例法。每个单元的第二部分是翻译窍门，目的是让学生掌握相应的翻译方法。这一部分采用的教学方法是示例法，旨在让学生通过示例更加清晰地知道如何使用翻译方法。例如，教师在讲解汉语定语的翻译时，举了多个例子说明译成英语后置的情况：汉语中的领属关系、描述关系、主谓关系可译为英语的of结构；汉语的动词短语可译为英语的现在分词做后置定语，动词短语也可以译为英语的定语从句；修饰名词中心语的名词或名词短语表达的内容和中心语名词的意义一致时，可以译成同位语，放到名词中心语的后面做后置定语；修饰名词中心语的主谓结构表达的内容和中心语名词的意义一致时，可以译成that引导的同位语从句，放到名词中心语的后面做后置定语。

（3）案例法。第三部分是比读与赏析，目的是通过真实的翻译案例，让学生了解翻译方法的真实使用以及赏析所起到的翻译效果。如在第一章农耕文化起源中，比读与赏析部分，我们采用了案例——有关神农的一段文字，包含了汉语无主句和定语前置的情况。通过这个案例中汉语无主句与定语的翻译，让学生在赏析过程中，加深了翻译方法的掌握。

4. 微课教学的视频文字质量

视频文字质量是在线课程质量最重要的指标之一，是在线课程质量的直接的外在体现。因此，微课视频录制完成后，对视频文字进行反复校对是非常必要的。为了保证“农耕文化翻译”在线课程的质量，我们团队采取了交叉合作校对的方式。具体来讲，就是每一个成员都要把其他团队成员的视频和文字校对一遍，并且提出修改意见。因为我们的课程建设团队有 5 人，通过交叉合作校对，该课程经过了 5 轮校对，这样就可以最优化课程质量。

四、有关如何建设高质量在线课程的建议

1. 了解学生的英语水平和学习需求

在线课程建设的最终目的是服务教学、服务学生，因此，我们务必要了解学生的英语水平和学习需求。需求分析是了解分析学习者学习需求的过程，目前广泛应用到了高校英语教学的课程设置、教学内容选择、教学活动设计等方面，如吴迪（2020）以需求理论为出发点，通过问卷了解学生对大学英语拓展课程的学习需求，以满足学生不同的学习需求。除了问卷，我们还可以通过访谈、英语水平测试、学生作业分析等手段了解学生的学习需求。对于建设在线课程来说，我们可以通过学生需求分析，了解学生对微课视频的时长、教师讲解方式、视频呈现方式等方面的需求。李家春（2021）基于 124 所高校教师与学生的调查，进行了中国高校外语微课需求分析，提出一个重要建议就是开发微课要进行广泛调研，了解师生需求，不要盲目制作和推广。建设高质量的在线课程亦是如此。

2. 遵循课程整体观设计课程和微课视频

美国著名的课程理论家，泰勒提出了课程编制的四个方面，也就是泰勒原理，包括课程目标、课程内容、课程内容的组织方式以及课程评价方式。他认为一个完整的课程编制都应包含这四项活动。我们也要借鉴泰勒的课程观，从四个方面建设在线课程，宏观上讲，整个课程要具有一个明确的培养目标，要有实现目标的系列教学内容，要有有效的教学内容的组织方式以及合理的课程考核方式。微观上来讲，每一个微课也都要有明确的教学目标、清晰的教学内容、学生喜欢的讲课方式以及可以检测学生是否掌握微课知识的小测试。

3. 交叉合作校对，确保质量

微课视频录制完成后，校对是保证在线课程质量非常重要的一个环节。通过建设“农耕文化翻译”课程，我们团队成员发现，交叉合作进行校对是保证课程质量的一个非常有效的方法。我们首先分为小组，每个小组成员互相审校视频质量、PPT、教师语言等方面存在的问题。开展多轮分组校对，直到每个成员都把其他成员的微课校对一遍，最后课程负责人负责汇总问题，统一发给制作者进行修改。这样会大大提高课程质量。

高质量在线课程建设是一个巨大工程，学校人才培养目标、学生学习需求、师资水平、学校教育教学政策、学校支持在线课程建设政策等都是影响课程建设的重要因素，其中学生需求是最重要的因素，因为在线课程建设的使用对象主要是学生。基于此，在线课程建设完成、上线使用后，可以通过问卷调查、访谈等多种途径了解学生的使用评价和反馈意见，以便于更好地改进课程。

第四章

大学英语教材与后续课程教材研究

第一节　大学英语教材文本难度研究

一、研究背景和文献综述

国外教材评估研究始于20世纪70年代，主要评估形式是“清单对照表”。Mukundan等（2010）从1970—2007年的文献共收集到48个教材评估“清单对照表”。21世纪以来，国外教材评估方式主要是“框架式评估”。McGrath（2002）提出扫描式分析和细粒度分析两种方式。Rubdy（2003）提出包括心理效度、教学效度和过程内容效度的动态评估框架。Tomlinson（2003）提出一个标准评估过程，强调教材使用环境和教学信念的重要性，进而区分了通用评价标准和专用评价标准。Cunningsworth（1995）提出的教材评估程序，包括学习环境、信念驱动评价和选择等步骤。McDonough等（2003）提出外部评价和内部评价。Mukundan等（2010）提出一个综合评估框架，包括清单对照表、反思日志和语料库检索软件评价材料等多个组成部分。总的来说，国外对语言教材的评估主要是按照评估对照表逐项打分和调查问卷的分析实现，且包含教材各个方面，由此导致教材评估建立在评估者的个人直觉和主观判断基础之上而不能客观反映教材实际情况，且容易陷入细节泥沼（Cunningsworth，2002）。当前，国外基于大型语料库对教材进行研究已逐渐成为一种新趋势，如Harwood（2000）、Koprowski（2005）等学者的研究，为教材评估和编写提供实证。这些研究证实了语料库方法在教材评估中的可行性。

国内教材评估研究起步较晚，主要是围绕国外教材评估理论的介绍与引介、评估理论框架构建、单本或系列教材的评介展开。孙小琴等（2013）主要介绍了国外教材建设的理论依据和最新发展趋势。张伟年（2014）根据系统功能语言学把语言作为意义资源这一理论，并结合语类理论以及文化模式理论，构建了英语教材评价的理论框架。文献查阅表明国内对单本或系列教材的评介较多，如张传根（2015）对单本教材的评介。总的来说，国内对教材评估理论框架建构、评估标准、评估手段等的研究都比较少，目前评估存在两大弊端：一是教材评估多靠“语言直觉”，英语教材的评估主要由专家进行，虽可以起到一定作用，但语言直觉是模糊的，难以形成准确的书面报告；二是对照表和调查问卷缺乏信度，主要原因是对照表和问卷设计的逻辑性和语言准确性不高。因此，我国教材质量评估基本是经验、意见等的定性分析，定量分析较少，评估失真现象严重。

随着语料库语言学的快速发展，国内学者也开始尝试利用语料库手段对教材进行评估。韩德顺（2007）尝试对《大学英语》教材的实意词和词语搭配的词频进行统计，发现将语料库应用于教材评析是个比较好的尝试。学者何安平（2007）、张仁霞（2015）、刘艳红等（2015）、宋晓舟（2016）也利用语料库手段对我国英语教材进行评估。以上学者主要利用英语本族语语料库作为参照，评估英语核心词汇在我国英语教材中的覆盖和复现情况，然而国内学者利用语料库方法对教材难度的分析可谓寥寥无几。

首先，一般来说，教材难易度必须符合学生的认知能力和成长需求，其内容、词汇量以及句法和篇章结构必须遵循一定标准和规律，成阶梯式向上发展。2010 年，美国首次建立全国核心课标，明确提出衡量教材难易度的定量分析标准，要求提供有可读性分析数据以及其他分析文章复杂度的数据。这进一步说明对教学材料进行难易层次分级的方法论的重要性。其次，《国家中长期教育改革和发展规划纲要（2010—2020）》提出“调整教材内容，科学设计课程难度”的重要指导思想。可见，教材难度是教材建设的一个重要方面。最后，教材难度评估单靠人工很难完成，因此如何利用语料库方法和相关分析工具来完成教材难度评估是当前迫切需要解决的课题。这对教材进行合理选择、科学评估及提高教材编写质量具有重要意义。

二、研究设计

1. 研究问题

当前大学英语数字化、立体化教材发展迅速，教材种类的多样化必然诉求教材选择和教材质量的思考，如何对教材进行合理选择和评估成为一个亟须解决的课题。而教材的文本难度是教材选择和评估势必需要考虑的重要方面。语料库语言学的快速发展为教材难度评估提供了一个切实可行途径，因此基于语料库辅助对大学英语数字化教材的文本难度进行量化评估也就尤为重要和必要，以期对教材编写与选择提供可供参考的实证数据。

本课题旨在对五套大学英语教材难度进行评估，拟从词汇、句法、篇章难度三个层面进行研究。

①五套大学英语教材分别在词汇、句法、篇章三个层面上的整体难度如何？是否呈现阶梯式发展趋势以及是否存在差异？

②评估五套教材中的词汇难度。一是考察教材词汇在 Range 三级词表中的分布情况。二是词汇复杂度分析，旨在分析五套教材中词汇分布是否呈现由易到难的排列趋势。词汇复杂度参考“词汇复杂度分析器”（Ai et al.，2010；Lu，2012）软件内嵌的词汇密度、词汇复杂性与词汇多样性三个指标大类。

③从句子层面评估五套教材课文的句法复杂度在整体上是否存在差异，以及单套教材单元课文的句法复杂度是否呈现由易到难的排列趋势。句法复杂度主要借鉴“句法复杂度分析器”软件（Lu，2010，2011；Lu et al.，2015）内嵌的单位长度、句子复杂度、从属子句使用量、并列结构使用量和特定短语结构五个指标类别。

④从语篇层面评估五套教材课文的文本难度在整体上是否存在差异，以及单套教材的文本难度是否呈现由易到难的排列趋势。借助“英语文本指南针”（金檀等，2016）分析工具计算文本难度 LD 值。

⑤根据数据结果探讨当前教材编写存在的问题以及对未来教材建设可供参考的启示和建议。

2. 研究语料

本研究所使用的语料为自建的大学英语教材语料库，包括五套“十二五”普通高等教育本科国家级规划教材，分别为《大学体验英语综合教程》（第三版）、《全新版大学英语综合教程》（第二版）、《新标准大学英语综合教程》（第二版）、《新世纪大学英语综合教程》（第二版）和《新视野大学英语读写教程》（第三版）。因为普通高校一般学习两年的大学英语课程，通常进行教材 1～4 册的学习，因此本研究只收集了五套教材的 1～4 册作为研究语料。五套教材每册书均由 8 个单元构成，且每个单元由 A 与 B 两篇课文组成。由于教材中的 B 课文按照课程要求一般作为课外阅读资料，因此，本研究搜集了五套教材的 A 篇课文进行重点分析。另外五套教材的 Word 文本整理为纯文本格式，去掉课文中的图表、注释、说明等辅助性文字。五套教材的课文数量共 160 篇，总形符数为 151 509 个。五套教材的课文数量与形符数、类符数及词族数参见表 4－1。其中全新版的形符数与类符数最多，分别为 36 344 和 5 958 个，体验英语的最少，分别为 22 673 和 4 445个，而新视野的词族数最多，为 1 949 个，体验英语的词族数最少，为 1 626 个。

表 4－1　教材的课文量与词汇量

教材	课文 A 数量（篇）	形符数（个）	类符数（个）	词族数（个）
体验	32	22 673	4 445	1 626
全新版	32	36 344	5 958	1 923
新标准	32	31 161	5 199	1 828
新世纪	32	32 510	5 124	1 814
新视野	32	28 821	5 569	1 949

3. 研究方法

（1）自建《大学英语教材语料库》。把五套教材的书面文本撰写为纯文本格式并进行归类整理。

（2）分析五套教材词汇的整体难度和每套教材单篇课文的词汇难度。借助 Range 词汇分析软件考察五套教材的词汇在 BNC 中频率最高的 14 000 个词族中的分布情况。借助“词汇复杂度分析器”分析教材文本的词汇复杂度。

（3）分析五套教材文本的整体句法复杂度和单套教材单篇课文的句法复杂度。借助“句法复杂度分析器”分别对教材的单篇课文进行句法复杂度分析。

（4）分析五套教材的整体文本难度和单套教材单篇课文的篇章难度。借助网络版“英语文本指南针”分析软件对教材的篇章难度进行分析。

（5）探讨建议与启示。根据数据探讨当前教材编写方面存在的问题以及未来教材编写的建议。

三、教材的词汇分布情况

1. 教材词汇整体分布情况

新西兰维多利亚大学语言学教授 Paul Nation 和 Averil Coxhead 设计的词汇分布软件 Range 自带有三级词表和词表外词汇，第一和第二个词表分别包括常用词汇 1 000 词，第三个词表为 570 个学术英语词语。词表外词汇通常都是使用频率较低、学生习得较困难的词汇。因此，第三级词表和词表外词汇对文本整体的词汇难度有较好的判断能力（张仁霞，2015）。下面我们以形符分布为例对教材词汇难度进行尝试性分析。我们利用软件 Range 分别对五套教材词汇的总形符频率进行分析，数据参见表 4－2。从三级词表来看，教材的词汇难度从高到低依次为体验、新视野、新世纪、全新版、新标准，三级词表所占比例依次为 4.85％、4.80％、3.76％、2.68％、2.64％。从词表外词来看，教材的词汇难度从高到低依次为体验、新视野、全新版、新标准和新世纪。可见，体验和新视野大学英语教材的词汇难度较高，学术词汇和新单词较多，新标准的学术词汇所占比例最低，为 2.64％，而新世纪的词表外词所占比例最低，为 7.46％，这说明该教材的使用频率较低的生词较多。

表 4-2　教材整体词汇分布情况

教材	一级词表（%）	二级词表（%）	三级词表（%）	词表外词（%）
体验	78.72	5.66	4.85	10.77
全新版	80.99	5.86	2.68	10.47
新标准	82.50	5.77	2.64	9.08
新世纪	83.61	5.17	3.76	7.46
新视野	78.57	6.15	4.80	10.49

2. 教材册数间的词汇分布变化趋势

我们使用 Range 软件分别对五套教材的单册书词汇的形符进行了频率分析，具体数据参见表 4-3。

根据表 4-3 数据，从三级词表的分布来说，体验 1～4 册的词汇所占比例分别是 4.23%、5.37%、3.03%和 6.34%，可见三级词表的比例总体呈现递增趋势，但体验 3 的三级词表比例低于体验 1～2 册，这说明体验英语的三级词表比例呈现不系统的递增趋势。同理，体验 1～4 册的词表外词的比例也呈现不系统的递增趋势。以上数据表明，体验英语教材随着册数的递增，其学术词汇与新词的比例也在增加，整体增加了词汇习得的难度，而递增趋势缺乏稳定与系统。

表 4-3　体验英语的词汇分布变化趋势

教材册数	一级词表（%）	二级词表（%）	三级词表（%）	词表外词（%）
体验 1	81.88	4.89	4.23	9.01
体验 2	77.56	4.71	5.37	12.36
体验 3	80.40	6.46	3.03	10.12
体验 4	76.22	6.26	6.34	11.18

根据表 4-4 数据，全新版 1～4 册的三级词表从 2.42%逐渐增加到 3.10%，全新版 1～4 册的词表外词从 8.08%增加到 12.77%，这说明全新版英语的三级词表与四级词表比例呈现逐渐递增趋势，但递增趋势不是非常明显。

表 4-4　全新版英语的词汇分布变化趋势

教材册数	一级词表（%）	二级词表（%）	三级词表（%）	词表外词（%）
全新版 1	84.25	5.26	2.42	8.08
全新版 2	82.12	5.67	2.51	9.70
全新版 3	80.05	6.76	2.60	10.59
全新版 4	78.54	5.58	3.10	12.77

根据表 4－5 数据，新标准英语教材的三级词表从新标准 1 的 2.75％增加到新标准 4 的 3.70％，词表外词从 7.91％增加到 11.14％，这说明新标准英语教材整体上词汇分布体现了从易到难的趋势，但新标准 3 的三级词表与词表外词比例均低于新标准 2，即 1.63％＜2.68％，8.37％＜8.64％。以上数据说明，新标准英语教材同体验英语教材一样呈现不系统的递增趋势。

表 4－5　新标准英语的词汇分布变化趋势

教材册数	一级词表（％）	二级词表（％）	三级词表（％）	词表外词（％）
新标准 1	83.36	5.99	2.75	7.91
新标准 2	82.61	6.07	2.68	8.64
新标准 3	84.64	5.36	1.63	8.37
新标准 4	79.33	5.83	3.70	11.14

根据表 4－6 数据，新世纪 1～4 册的三级词表从 2.69％增加到 5.47％，呈现出逐渐的递增趋势，但词表外词从新世纪 1 的 7.34％降低到新世纪 4 的 6.78％，这说明新世纪英语教材的学术词汇的难度逐渐增加，但新词数量并未呈现鲜明的增加趋势，而是有所降低。

表 4－6　新世纪英语的词汇分布变化趋势

教材册数	一级词表（％）	二级词表（％）	三级词表（％）	词表外词（％）
新世纪 1	83.81	6.16	2.69	7.34
新世纪 2	83.69	4.83	3.49	7.99
新世纪 3	83.71	5.22	3.49	7.59
新世纪 4	83.19	4.55	5.47	6.78

根据表 4－7 数据，新视野 1～4 册教材的三级词表的比例从 4.24％增加到 4.73％，但新视野 2 的比例高于新视野 3～4 册，比例为 6.28％，这说明新视野教材的学术词汇比例整体呈现螺旋式递增趋势。同理，新视野教材的词表外词的比例也呈现螺旋式递增趋势，从 9.27％增加到 12.58％。

表 4－7　新视野英语的词汇分布变化趋势

教材册数	一级词表（％）	二级词表（％）	三级词表（％）	词表外词（％）
新视野 1	79.93	6.56	4.24	9.27
新视野 2	78.79	6.70	6.28	8.23
新视野 3	78.65	5.96	3.95	11.45
新视野 4	77.18	5.50	4.73	12.58

四、教材词汇复杂性分析

词汇复杂性（lexical complexity）一直是二语习得领域关注的研究热点，是衡量文本难度的一个重要指标。学界对词汇复杂性这一大的构念并未达成一致定义。Ai 等（2010）认为词汇复杂性概念应该包括词汇密度、词汇变异和词汇复杂度三个方面。他们根据前人提出的有关词汇密度、词汇变异和词汇复杂度的 25 个测量指标研发了词汇复杂性的自动分析软件——词汇复杂性分析器（Lexical Complexity Analyzer），并利用这个软件对中国大学生的口头叙述文的质量和词汇复杂性两者的关系进行了分析。这 25 个测量指标及计算公式参见表 4－8。

表 4－8　词汇密度、词汇复杂度与词汇变异的测量指标

类别	指标	代码	公式
词汇密度	词汇密度	LD	N_{lex}/N
词汇复杂度	词汇复杂度Ⅰ	LS1	N_{slex}/N_{lex}
	词汇复杂度Ⅱ	LS2	T_s/T
	动词复杂度Ⅰ	VS1	T_{sverb}/N_{verb}
	动词复杂度Ⅱ	VS2	$T_{sverb}/\sqrt{2N_{verb}}$
	修正的动词复杂度Ⅰ	CVS1	T_{sverb}^2/N_{verb}
词汇变异	词类数量	NDW	T
	前 50 词的词类数量	NDWZ	T in the first 50 words of sample
	10 个随机 50 词样本的平均词类数量	NDWERZ	Mean T of 10 random 50－word samples
	10 个随机 50 词片段的平均词类数量	NDWESZ	Mean T of 10 random 50－word sequences
	形符比	TTR	T/N
	所有 50 词片段的平均形符比	MSTTR	Mean TTR of all 50－word segments
	修正的形符比	CTTR	$T/\sqrt{2N}$
	根形符比	RTTR	$T/\sqrt{N}$
	对数的形符比	logTTR	$\log T/\log N$
	Uber 指数	Uber	$\log^2 N/\log(N/T)$
	实词变异	LV	T_{lex}/N_{lex}
	动词变异Ⅰ	VV1	T_{verb}/N_{verb}

（续）

类别	指标	代码	公式
词汇变异	平方后的动词变异Ⅰ	SVV1	$T_{verb}{}^2/N_{verb}$
	修正后的动词变异Ⅰ	CVV1	$T_{verb}/\sqrt{2N_{verb}}$
	动词变异Ⅱ	VV2	T_{verb}/N_{lex}
	名词变异	NV	T_{noun}/N_{lex}
	形容词变异	ADJV	T_{adj}/N_{lex}
	副词变异	ADVV	T_{adv}/N_{lex}
	修饰语变异	MODV	$(T_{adj}+T_{adv})/N_{lex}$

注：转译自 Lu（2012）。

根据表 4－8 的测量指标，词汇变异部分涉及 19 个测量指标，主要参照指标是词类数量、形符比和动词、名词、形容词、副词这类实词不同形式的形符比。我们在本研究中以 MSTTR、LV、CVV1、VV2、NV、ADJV、ADVV 和 MODV 9 个代表性指标为例对教材的词汇变异部分进行分析。因此，我们在本研究中共有 15 个词汇复杂性分析指标。我们利用 Lexical Complexity Analyzer 分别对五套教材的整体文本和单册教材的词汇复杂性进行了分析。

1. 教材整体词汇密度、词汇复杂度和词汇变异情况

图 4－1 直观呈现了五套大学英语教材的词汇密度的大小情况。表 4－2 和图 4－1的数据说明体验和新视野英语教材的词汇密度最大，均为 0.52，新标准和新世纪英语教材的词汇密度最低，均为 0.5，全新版教材的词汇密度居中，为 0.51。这说明体验和新视野教材中的名词、动词、形容词和副词四种实义词所占比例较高，而新标准和新世纪教材的实义词比例较低，全新版教材居中。

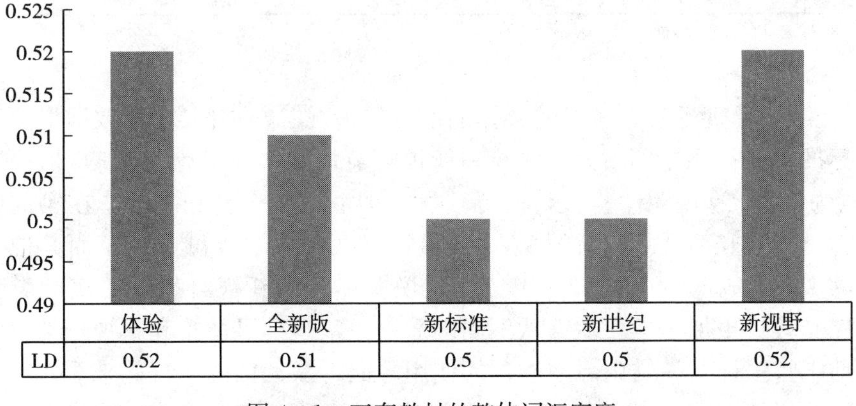

图 4－1　五套教材的整体词汇密度

图 4-2 直观呈现了表 4-2 中体现五套英语教材词汇复杂度的 5 个指标数值大小情况。根据表 4-2 和图 4-2 数据，五套教材在 LS1、LS2、VS1 三个指标上数值基本相等，但在 VS2 和 CVS1 两个指标上存在较大差异。在 VS2 指标上，五套教材从高到低依次为新视野、全新版、新世纪、新标准和体验英语，分别为 4.11、3.97、2.87、2.76 和 2.25。这说明新视野教材文本中的复杂动词的比例最高，而体验教材文本中的复杂动词的比例较低。本词汇复杂性分析器对复杂动词的界定是根据 BNC 语料库的词频统计使用频率前 2 000 词之外的动词。这也就说明新视野教材文本中的使用频率较低的动词比较多，这就增加了学习者词汇习得的难度。相对来说，体验英语教材的复杂动词比例最低，动词难度也就随之降低。同理，在 CVS1 指标上，五套教材呈现了与 VS2 指标值的相似变化规律，这进一步验证了以上结论的可靠性。

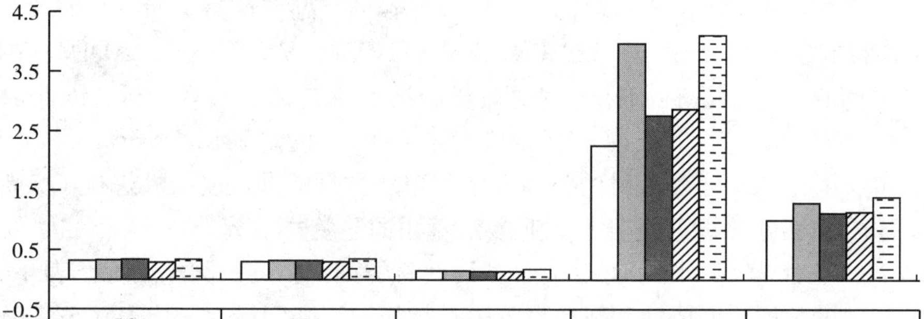

	LS1	LS2	VS1	VS2	CVS1
□体验	0.32	0.3	0.15	2.25	1
▨全新版	0.33	0.32	0.15	3.97	1.29
■新标准	0.34	0.32	0.14	2.76	1.12
▨新世纪	0.29	0.3	0.14	2.87	1.14
□新视野	0.34	0.35	0.18	4.11	1.39

图 4-2　五套教材的整体词汇复杂度

图 4-3 呈现了五套教材的整体词汇变异情况。根据图 4-3 数据，五套教材的标准化形符比差别不大，体验和新视野英语略高于其他三套教材，MST-TR 均为 0.8，这说明体验和新视野教材的词汇比较丰富和多样。在实词的使用方面，体验和新视野教材的 LV 值较高，分别为 0.69 和 0.67，而其他三套教材的 LV 值较低，在 0.62～0.63，这说明体验和新视野教材的实词类型比其他三套教材更加多样化。这从不同侧面进一步验证了体验和新视野教材的词汇更加丰富多样这一结论。在动词的使用方面，从动词的形符比来看，新视野和体验英语的 CVV1 数值比较高，分别为 0.66 和 0.65，其他三套教材较低，

均为 0.61，这说明新视野和体验教材的实词类型比其他三套教材更加多样化；从动词词类数量与总实词数量的比值来看，体验和新视野英语的 VV2 数值高于其他三套教材，均为 0.17，新标准英语的 VV2 值最低，为 0.15，这说明在所有实词的使用方面，体验和新视野教材使用的动词类所占比例较高，而新标准教材最低。也就是说，新视野和体验英语教材比其他三套教材使用的实词类中的动词较多。同理，在名词的使用方面，新视野和体验英语比其他三套教材使用较多，其 NV 值分别为 0.64 和 0.63。在形容词的使用方面，新视野英语使用最多，ADJV 值最高，为 0.13，其他四套教材相当，均为 0.11。在副词的使用方面，五套教材没有差别，ADVV 值均为 0.07。在修饰语的使用方面，新视野教材使用较多，MODV 值为 0.2，高于其他四套教材。总的来说，五套教材的词汇丰富性和多样化差别不大，其中副词词类数量的使用比例相同，但在其他实词尤其是动词、名词、形容词和修饰语的使用方面存在差异。通过以上数据的分析，体验和新视野教材的词汇相对来说比其他三套教材更加丰富和多样。

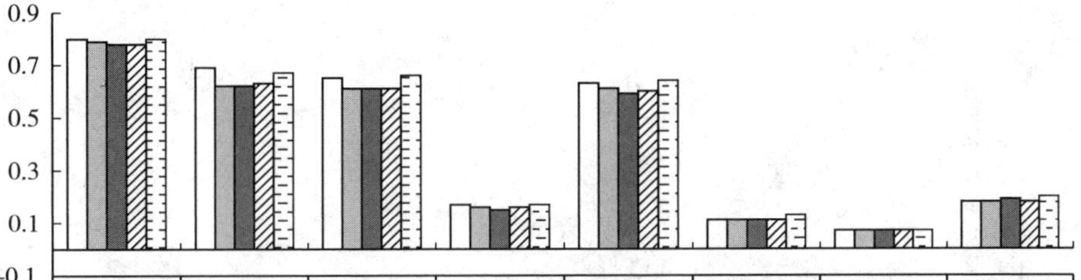

	MSTTR	LV	CVV1	VV2	NV	ADJV	ADVV	MODV
□体验	0.8	0.69	0.65	0.17	0.63	0.11	0.07	0.18
■全新版	0.79	0.62	0.61	0.16	0.61	0.11	0.07	0.18
■新标准	0.78	0.62	0.61	0.15	0.59	0.11	0.07	0.19
▨新世纪	0.78	0.63	0.61	0.16	0.6	0.11	0.07	0.18
□新视野	0.8	0.67	0.66	0.17	0.64	0.13	0.07	0.2

图 4-3　五套教材的整体词汇变异情况

2. 教材词汇密度、词汇复杂度和词汇变异趋势

根据图 4-4 数据，体验 1 的词汇密度在 0.45～0.53，体验 2 在 0.51～0.58，体验 3 在 0.45～0.56，体验 4 在 0.47～0.6，其教材的词汇密度增长趋势不是很明显。图 4-4 的教材密度趋势线更能说明这一点，虽然有所增加，但不是很突显。

根据图 4-5 数据，体验英语在词汇复杂度指标 LS1、LS2 和 VS1 上并未体现增长趋势，这说明复杂词汇和总词汇数量的比值并未呈现递增趋势，也就是说复杂词汇数量并未随着教材册数的递增而增加。然而，图 4-5 的 CVS1

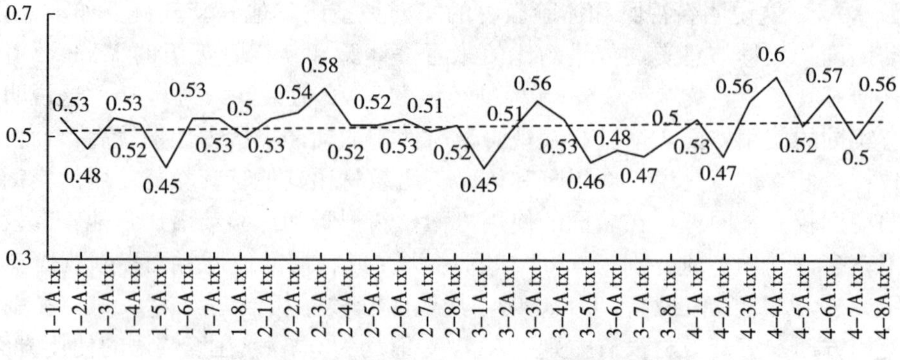

图 4-4　体验英语的词汇密度变化趋势

和 VS2 的趋势线表明复杂动词词类和动词总形符数量的比值随着教材册数的增加呈现不同程度的递增趋势，指标 CVS1 递增幅度较小，而 VS2 递增幅度较大。这说明复杂动词的词类数量随着教材册数增加而上升，也就是体验英语的词汇复杂性在 CVS1 和 VS2 两个指标上呈现递增趋势，其中 VS2 递增趋势比较明显。

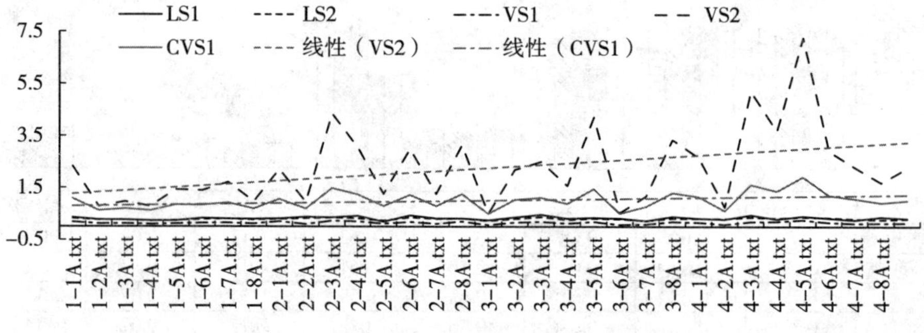

图 4-5　体验英语的词汇复杂性变化趋势

如图 4-6 所示，体验英语在 MSTTR、LV、CVV1、VV2、NV、ADJV、ADVV、MODV 八个词汇变异指标上的数值增长趋势不是很明显，虽然教材的课文文本之间的词汇变异指标数值上下波动，但是并未随着教材册数的增加而呈现递增趋势。图 4-6 的 LV 趋势线表明，相对而言，实词词类数量与实词形符总数的比值随着教材册数的增加而呈现递增趋势，但递增幅度不是很突显。而图 4-6 的词汇变化曲线也表明，CVV1 的趋势线呈下降趋势，也就是说动词词类数量和动词总形符数的比值随教材册数增加而降低，这说明动词词类的丰富性和多样化不是增加了而是有所降低。同理，NV 趋势线表明名词词类的丰富性和多样化也呈现下降趋势。总的来说，体验英语教材的词汇变异的递增趋势并不明显，而在 CVV1 和 NV 两个指标上呈现下降趋势。

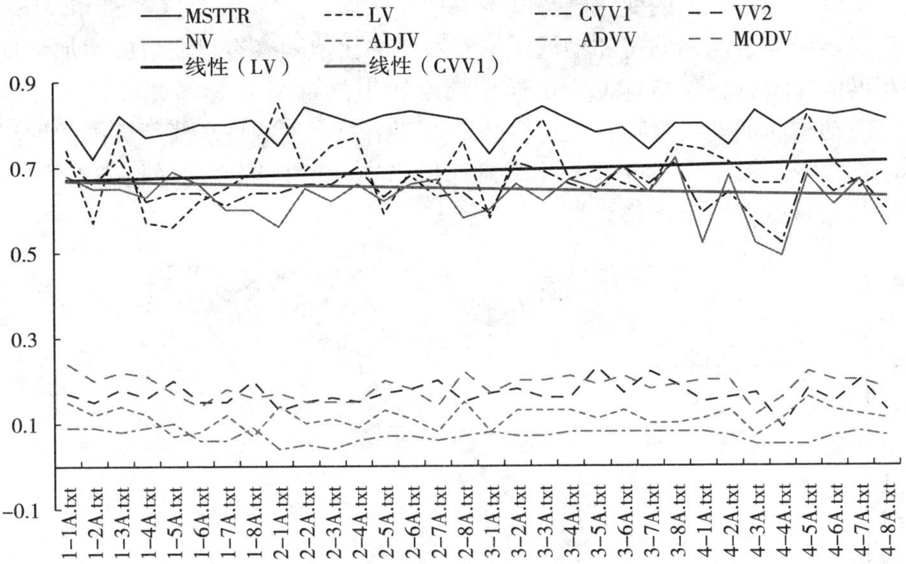

图 4-6　体验英语的词汇变异的变化情况

根据图 4-7 数据，全新版 1～4 册的词汇密度在 0.41～0.56 上下波动，其教材的词汇密度增长趋势不是很明显。图 4-7 的教材密度趋势线更能说明这一点，虽然有所增加，但不是很突显。

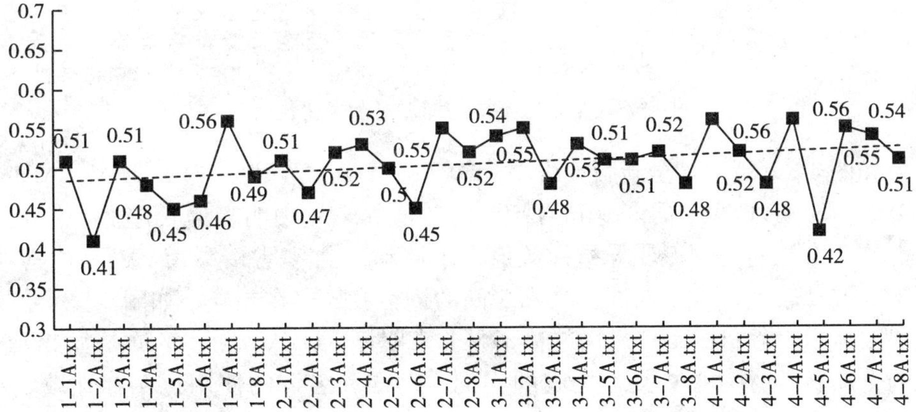

图 4-7　全新版英语的词汇密度变化情况

根据图 4-8 数据，全新版英语在词汇复杂度指标 LS1、LS2 和 VS1 上并未体现增长趋势，这说明复杂词汇和总词汇数量的比值并未呈现递增趋势，也就是说复杂词汇数量并未随着教材册数的递增而增加。这与体验英语的词汇复杂度在这三个指标上的变化趋势基本类似。然而，图 4－8 的 CVS1 和 VS2 的趋势线表明复杂动词词类和动词总形符数量的比值随着教材册数的增加呈现不同程度的递增趋势，指标 CVS1 递增幅度较小，而 VS2 递增幅度较大。这说明复杂动词的词类数量随着教材册数增加而上升，也就是全新版英语的词汇复杂度在 CVS1 和 VS2 两个指标上呈现递增趋势，其中 VS2 递增趋势比较明显。这也与体验英语的变化趋势类似。

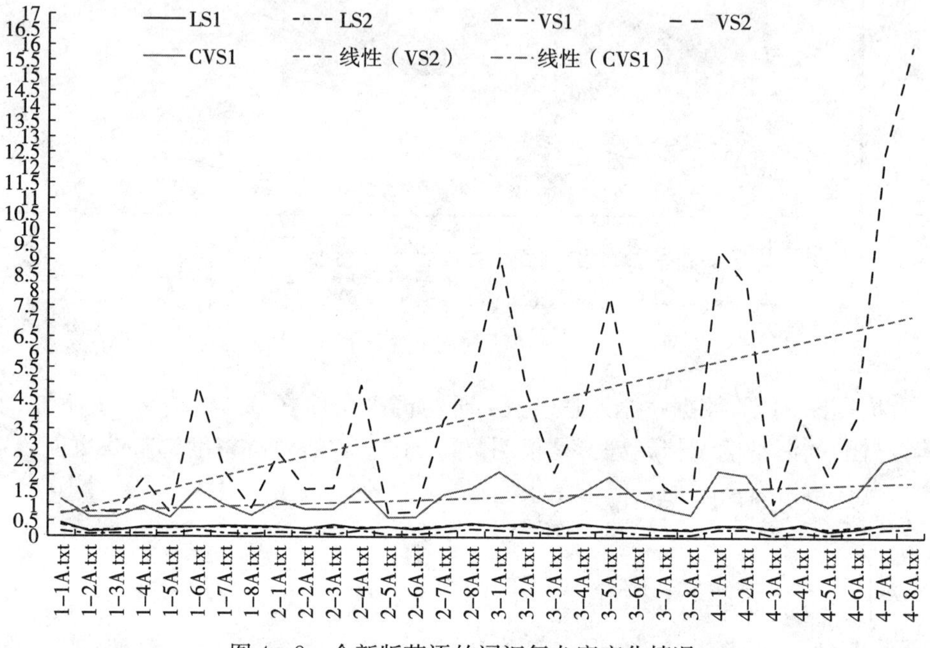

图 4－8　全新版英语的词汇复杂度变化情况

如图 4－9 所示，全新版英语在 MSTTR、LV、CVV1、VV2、NV、ADJV、ADVV、MODV 八个词汇变异指标上的数值并未呈现明显增长趋势，但教材的课文文本之间的词汇变异指标数值上下波动，尤其是 LV、CVV1 和 NV 指标上下波动较大，这说明课文文本之间的词汇变异存在差异。如图 4－9 的 LV 趋势线所示，教材的 LV 递增趋势不是非常明显，CVV1 和 NV 亦是如此。这说明全新版教材的课文文本之间的实词、动词和名词的使用比例存在较大差异，但并未体现阶梯式的上升趋势。

根据图 4－10 数据，新标准 1～4 册的词汇密度在 0.4～0.57 上下波动，其中 2－5A 课文的词汇密度最高，为 0.57，1－7A 课文的词汇密度最低，为 0.4，这说明教材课文之间的词汇密度存在差异。新标准 3～4 册的词汇密度在

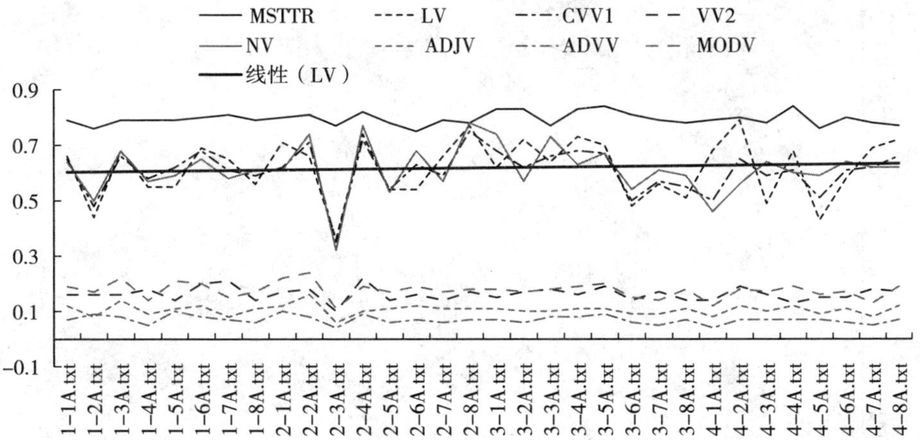

图 4-9　全新版英语的词汇变异的变化情况

0.46～0.54 波动，可见，教材的词汇密度在 0.5 上下波动，并未呈现明显的增长趋势。图 4-10 的教材密度趋势线更能说明以上结论。

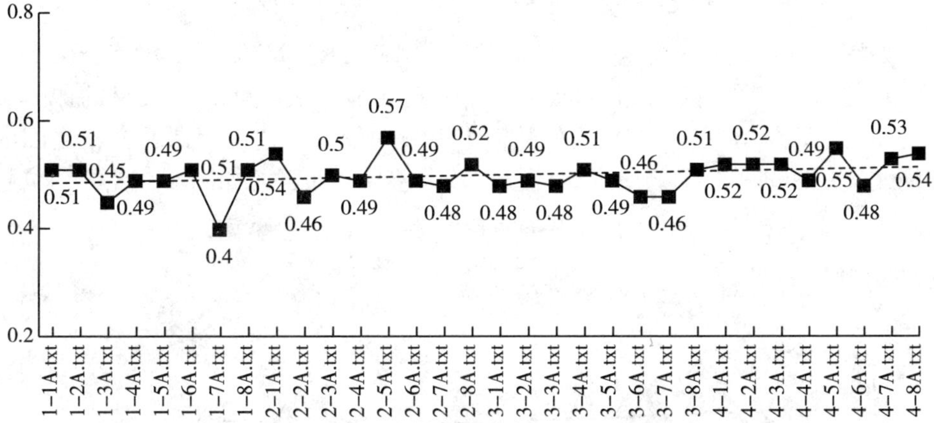

图 4-10　新标准英语的词汇密度变化情况

根据图 4-11 数据，全新版英语在词汇复杂度指标 LS1、LS2、VS1 和 CVS1 上并未体现增长趋势，这说明复杂词汇和总词汇数量的比值并未呈现递增趋势，也就是说复杂词汇数量并未随着教材册数的递增而增加。然而，图 4-11 的 VS2 的趋势线表明复杂动词词类和动词总形符数量的比值随着教材册数的增加呈现不同程度的递增趋势，而且 VS2 递增幅度较大。这说明复杂动词的词类数量随着教材册数增加而上升，也就是全新版英语的词汇复杂性在 CVS2 指标上呈现递增趋势，而其他指标并没体现上升趋势。

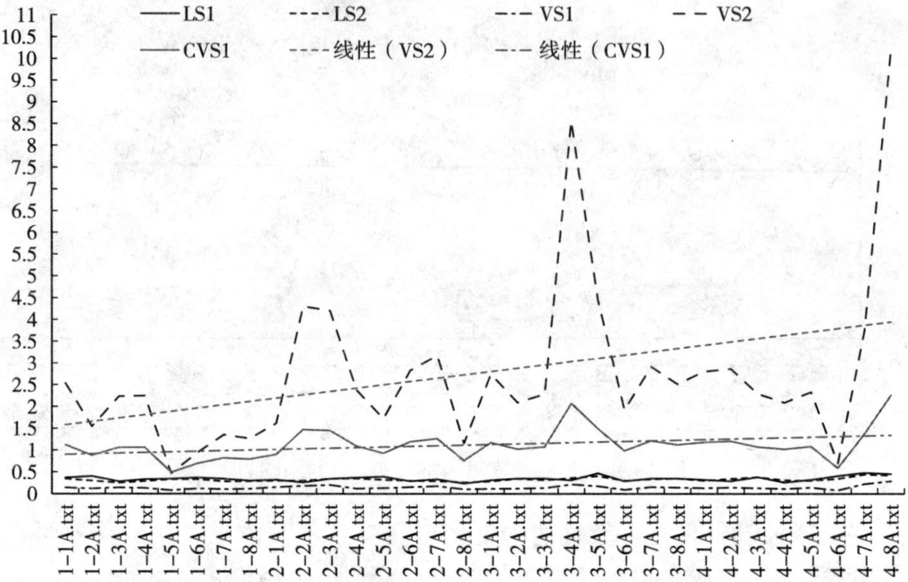

图 4－11　新标准英语的词汇复杂度变化情况

如图 4－12 所示，新标准英语在 MSTTR、VV2、ADJV、ADVV、MODV 五个词汇变异指标上的数值并未呈现明显增长趋势，但教材的课文文本之间的 LV、CVV1 和 NV 指标数值上下波动较大，这说明课文文本之间的实词尤其是动词和名词的所占比例存在较大差异。而且，如图 4－12 的 NV 趋

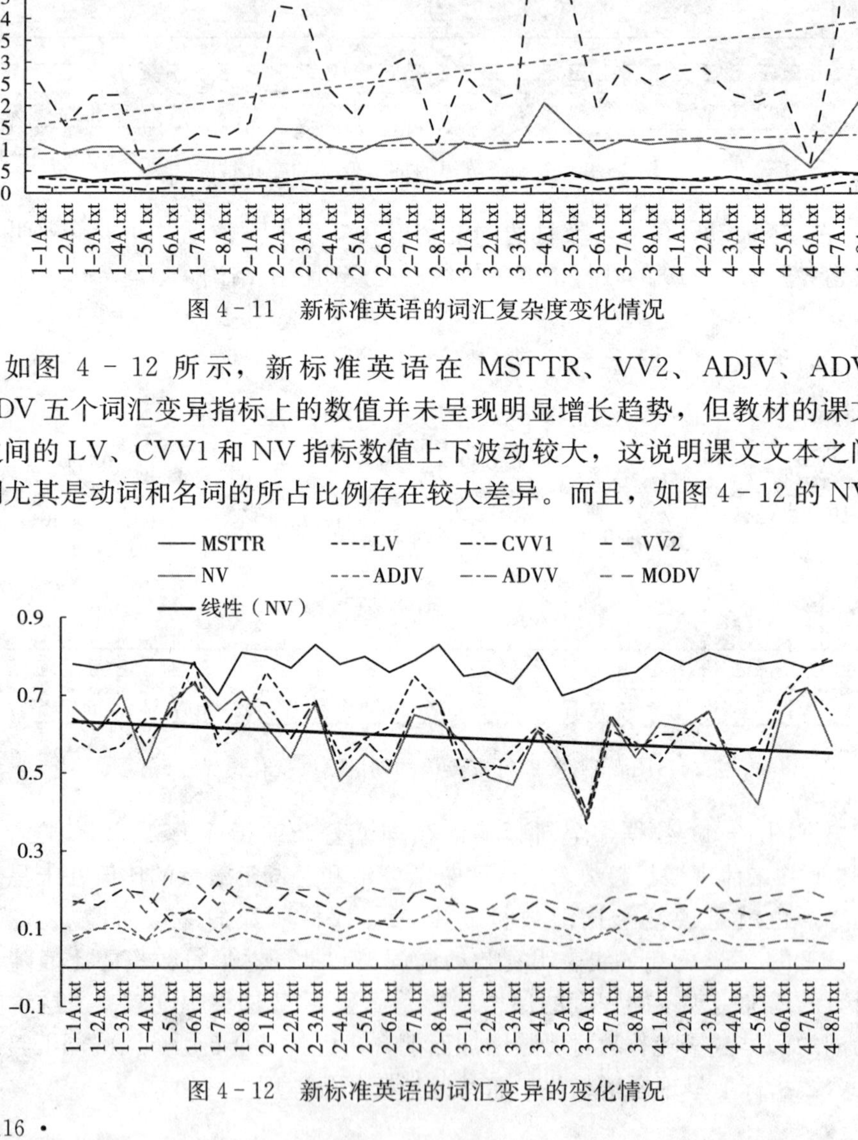

图 4－12　新标准英语的词汇变异的变化情况

势线所示，教材的 NV 指标呈现下降趋势，CVV1 和 LV 亦是如此。这说明新标准教材的课文文本之间的实词、动词和名词的使用比例存在较大差异，且呈现下降趋势。

根据图 4－13 数据，新世纪 1～4 册的词汇密度在 0.44～0.55 上下波动，其中 1－2A、3－5A、4－1A 三篇课文的词汇密度最高，为 0.55，3－7A 课文的词汇密度最低，为 0.44，这说明教材课文之间的词汇密度存在较大差异。新世纪 1 的词汇密度在 0.46～0.55 波动，新世纪 4 的词汇密度亦在 0.46～0.55 波动，可见，教材的词汇密度未呈现增长趋势。图 4－13 的教材密度趋势线更能说明以上结论。

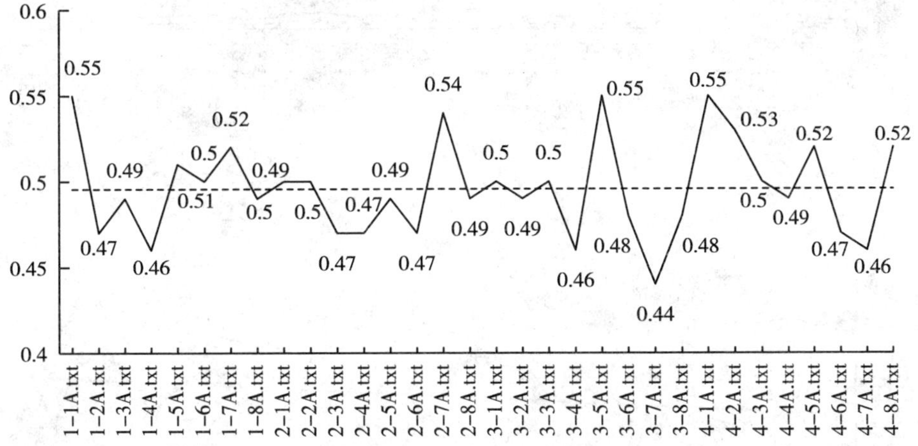

图 4－13　新世纪英语的词汇密度的变化情况

根据图 4－14 数据，新世纪英语的词汇复杂度指标 VS2 和 CVS1 数值存在波动现象，尤其是 VS2 的上下波动较大，这说明教材课文之间的复杂动词与动词总数的比值存在较大差异，也就是说教材的复杂动词使用数量存在较大差异。另外，图 4－14 的 VS2 的趋势线表明复杂动词词类和动词总形符数量的比值随着教材册数的增加并未呈现明显的递增趋势，而且其他指标亦是如此。可以说，新世纪英语的词汇复杂度并没体现上升趋势。

如图 4－15 所示，新标准英语在 MSTTR、VV2、ADJV、ADVV、MODV 五个词汇变异指标上的数值并未呈现明显增长趋势，但教材的课文文本之间的 LV、CVV1 和 NV 指标数值上下波动较大，这说明课文文本之间的实词尤其是动词和名词的所占比例存在较大差异。并且，如图 4－15 的 NV 趋势线所示，教材的 NV 指标呈现上升趋势，CVV1 和 LV 亦是如此。这说明新标准教材的课文文本之间的实词、动词和名词的使用比例存在较大差异，且呈现上升趋势。

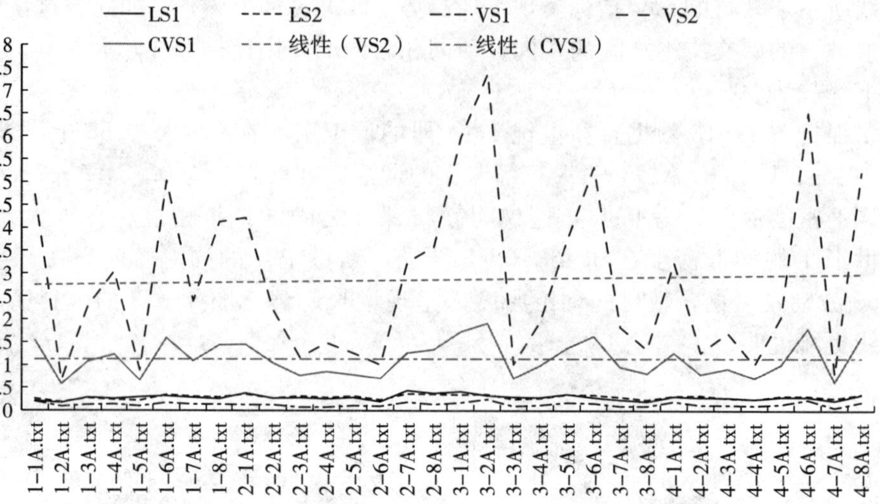

图 4-14　新世纪英语的词汇复杂度变化情况

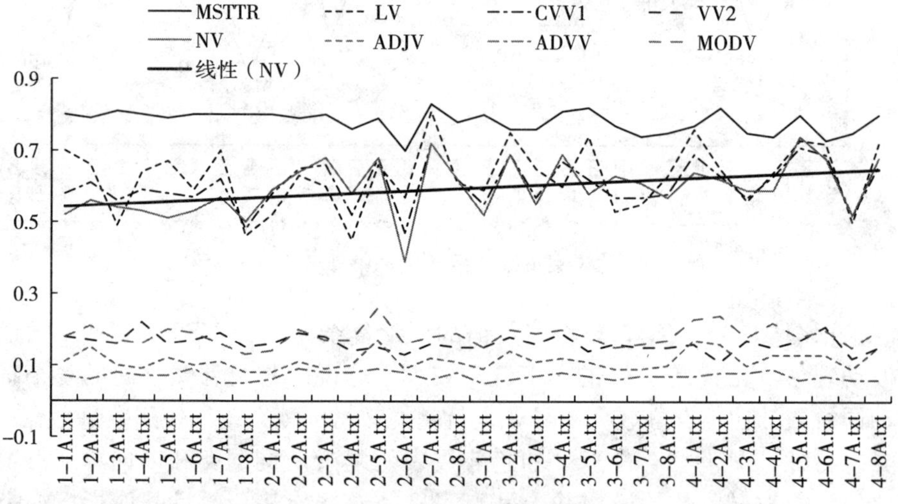

图 4-15　新世纪英语的词汇变异的变化情况

根据图 4-16 数据，新视野 1～4 册的词汇密度在 0.47～0.59 上下波动，其中 1-6A 课文的词汇密度最高，为 0.59，1-1A、2-4A 和 4-1A 三篇课文的词汇密度最低，为 0.47，这说明教材课文之间的词汇密度存在较大差异。新视野 1 的词汇密度在 0.47～0.59 波动，而新世纪 4 的词汇密度在 0.47～0.58 波动，可见，教材的词汇密度未呈现增长趋势。图 4-16 的教材密度趋势线更能说明以上结论。

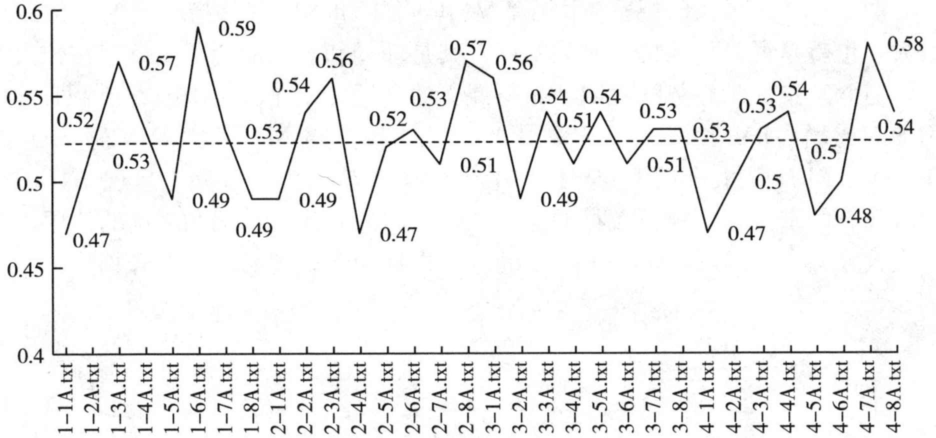

图 4－16　新视野词汇密度的变化

根据图 4－17 数据，新视野英语的词汇复杂度指标 VS2 和 CVS1 数值存在波动现象，尤其是 VS2 的上下波动较大，这说明教材课文之间的复杂动词与动词总数的比值存在较大差异，也就是说教材的复杂动词使用数量存在较大差异。另外，图 4－17 的 VS2 的趋势线表明复杂动词词类和动词总形符数量的比值随着教材册数的增加呈现明显的递增趋势，而教材的其他四项指标并未呈现明显上升趋势。

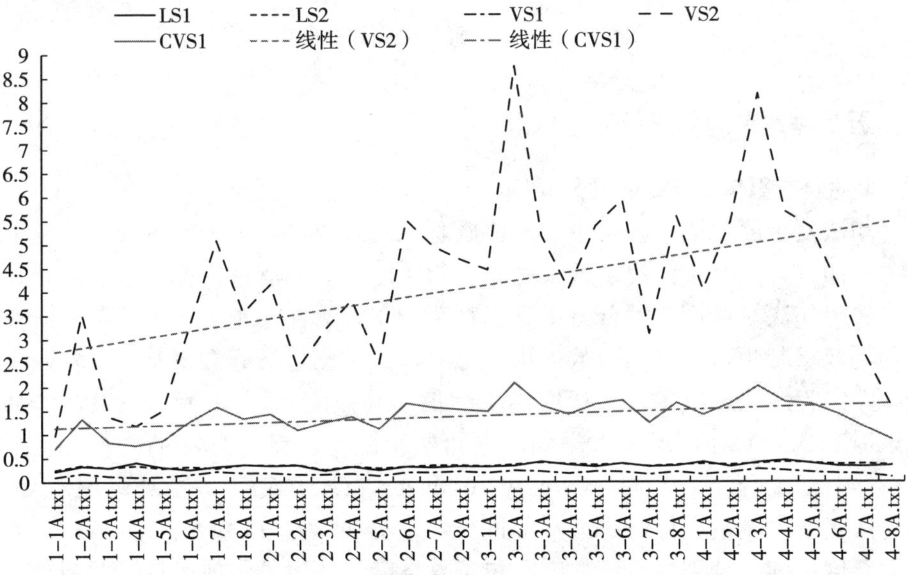

图 4－17　新视野词汇复杂度的变化

图 4－18 所示，新视野英语在 LV、CVV1 和 NV 三个指标上的数值波动较大，也就是说教材课文之间的实词尤其是动词和名词的使用比例存在较大差异，但 NV 指标的趋势线说明，教材课文的名词使用比例并未随着教材册数的增加而递增，LV 和 CVV1 亦是如此。另外教材在 MSTTR、VV2、ADJV、ADVV、MODV 五个词汇变异指标上的数值波动不大，且并未呈现明显增长趋势。总的来说，新视野教材的课文文本之间的实词、动词和名词的使用比例存在较大差异，但教材的词汇变异的八个指标均未呈现明显的上升趋势。

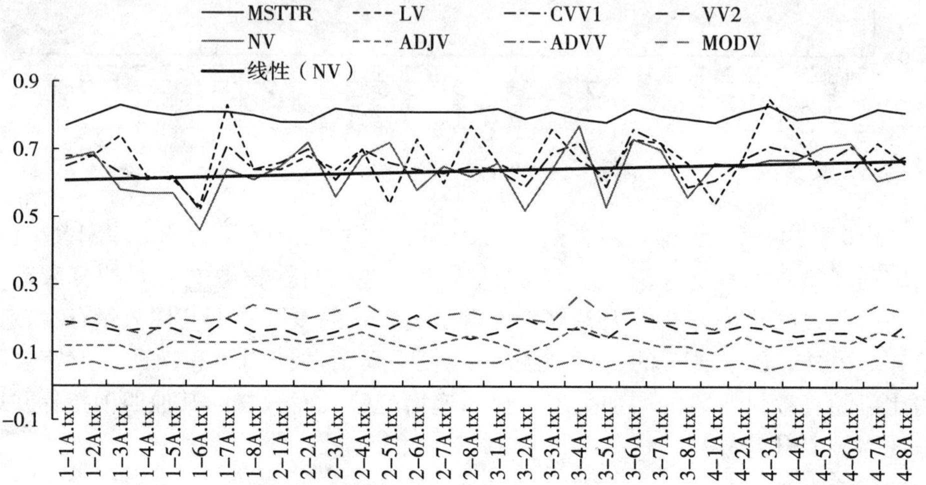

图 4－18　新视野词汇变异的变化

五、教材句法复杂度分析

1. 教材整体句法复杂度分析

句法复杂度是语言习得中的重要概念，是外语发展水平的重要指标。就测量方法而言，研究者已提出数十种分析句法复杂度的测量指标。然而由于长期以来缺乏句法复杂度自动分析工具，直至今年，语篇文本的句法复杂度研究仍然遇到双重瓶颈，一是语料数据规模有限，二是测量指标数量有限。这两个瓶颈在一定程度上影响了前人研究结论的信度和效度（Lu et al.，2016）。基于此，Lu（2010）在斯坦福大学句法剖析器基础上，设计开发了“句法复杂度分析器”（L2 Syntactic Complexity Analyzer，L2SCA），该工具可用 14 种常用句法复杂度测量指标对语篇文本进行自动分析。这 14 种指标涵盖 5 大类句法复杂度指标，分别为单位长度、句子复杂度、从属子句使用量、并列结构使用量、特定短语结构数量。具体指标和计算办法及代码参照表 4－9。

表 4-9　L2SCA 句法复杂度测量指标

类别	指标	代码
单位长度	平均子句长度	MLC
	平均句子长度	MLS
	平均 T 单位长度	MLT
句子复杂度	每个句子中的子句数量	C/S
从属子句使用量	每个 T 单位中的子句数量	C/T
	每个 T 单位中的复杂 T 单位数量	CT/T
	每个子句中的从属子句数量	DC/C
	每个 T 单位中的从属子句数量	DC/T
并列结构使用量	每个子句中的并列短语数量	CP/C
	每个 T 单位中的并列短语数量	CP/T
	每个句子中的 T 单位数量	T/S
特定短语结构数量	每个子句中的复杂名词性短语数量	CN/C
	每个 T 单位中的复杂名词性短语数量	CN/T
	每个 T 单位中的动词短语数量	VP/T

我们首先以教材为单位利用网页版的“句法复杂度分析器”对五套教材的文本进行批量分析，得到五套教材的每篇课文文本的句法复杂度的 14 个指标的数值，然后利用 EXCEL 软件分别计算五套教材课文文本的句法复杂度指标的平均分，以作为五套教材的整体句法复杂度水平。五套教材在 14 个指标的整体复杂度参照表 4-10。

表 4-10　教材的整体句法复杂度

教材	MLS	MLT	MLC	C/S	C/T	CT/T	DC/C	DC/T	T/S	CP/T	CP/C	CN/T	CN/C	VP/T
体验	19.496 9	17.077 8	9.818 6	1.987 7	1.758 2	0.461 2	0.380 3	0.695 7	1.135 1	0.433 5	0.254 5	2.018 7	1.151 4	2.305 6
全新版	16.325 4	14.507	8.954 5	1.814 4	1.616 4	0.410 1	0.343 4	0.571 4	1.120 2	0.327 4	0.202 6	1.544 8	0.946 1	2.066 7
新标准	18.800 7	16.494 4	9.294	2.036 1	1.779 3	0.489 4	0.403 1	0.729 8	1.142 9	0.384 7	0.216 7	1.849 6	1.034 9	2.304 5
新世纪	17.974 4	15.457 7	8.897 3	2.027 4	1.739 2	0.456 3	0.384 3	0.692 4	1.158 9	0.401 6	0.230 8	1.671 3	0.953 7	2.268 1
新视野	17.426 8	15.815 6	9.892	1.768 7	1.606 2	0.422	0.349	0.570 7	1.101 4	0.447 8	0.281 1	1.834 4	1.142 5	2.145 1

为了更直观分析教材的句法复杂度，我们利用 EXCEl 软件对数据进行了分析并制作了图表。下面我们分别对五套教材的五大类句法复杂度进行分析。

图 4-19 数据表明，从平均句长来看，五套教材从长到短依次为体验、新

标准、新世纪、新视野和全新版，平均句长分别为 19.496 9、18.800 7、17.974 4、17.426 8 和 16.325 4。同理，从 T 单位的平均长度看，五套教材从长到短依次为体验、新标准、新视野、新世纪和全新版。从子句平均长度来看，五套教材从长到短依次为新视野、体验、新标准、全新版和新世纪。可见，五套教材在单位长度这个大类指标上存在不同程度的差异。总的来说，体验英语的平均单位长度较长，尤其是在平均句长和 T 单位平均长度两个指标上，均为最高，分别为 19.496 9 和 17.077 8；而在这两个指标上全新版英语最低，分别为 16.325 4 和 14.507。

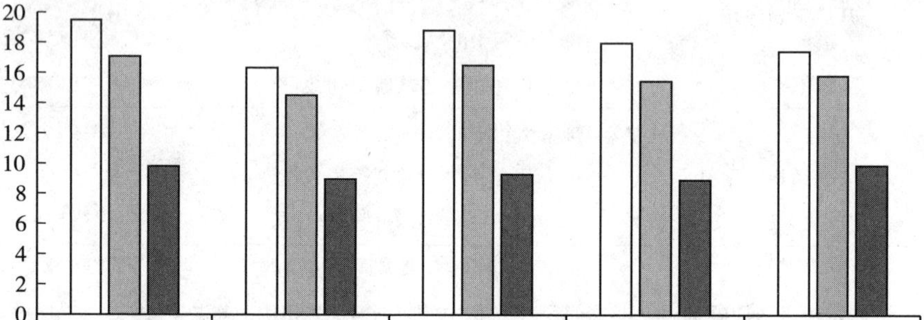

	体验	全新版	新标准	新世纪	新视野
□ MLS	19.496 9	16.325 4	18.800 7	17.974 4	17.426 8
▨ MLT	17.077 8	14.507	16.494 4	15.457 7	15.815 6
■ MLC	9.818 6	8.954 5	9.294	8.897 3	9.892

图 4 - 19　五套教材的单位长度指标

图 4 - 20 数据表明，从句子复杂度指标看，五套教材从高到低依次为新标准、新世纪、体验、全新版和新视野。也就是说新标准英语的课文文本的句子中包含的子句最多，从而使句子更加复杂，相对而言，新视野英语教材的课文文本的句子包含的子句最少，从而降低了句子的复杂度，进而降低了文本难度。

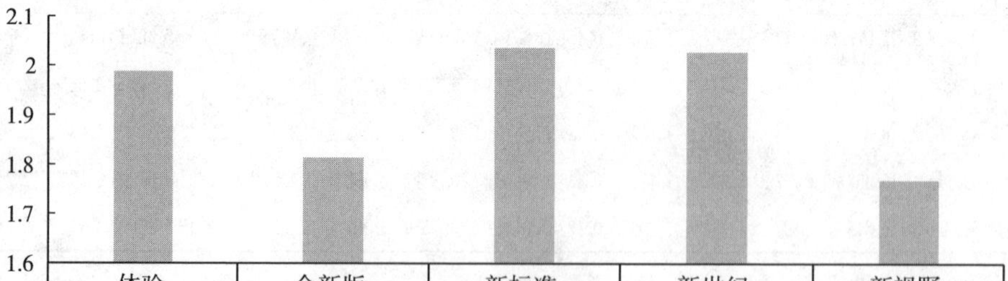

	体验	全新版	新标准	新世纪	新视野
C/S	1.987 7	1.814 4	2.036 1	2.027 4	1.768 7

图 4 - 20　五套教材的句子复杂度指标

从每个 T 单位中的子句数量来看，新标准英语教材的 T 单位的子句数量最多，平均为 1.779 3，而新视野英语教材最少，平均为 1.606 2（图 4－21）。从每个 T 单位中的复杂 T 单位数量来看，新标准英语教材的复杂 T 单位率最高，为 0.489 4，而全新版英语教材最低，为 0.410 1。从每个子句中的从属子句数量来看，新标准英语的子句中的从属子句数量最多，平均每个子句中有 0.403 1 个从属子句，而全新版英语教材最低，平均为 0.343 4 个从属子句。从每个 T 单位中的从属子句数量来看，新标准英语教材的每个 T 单位包含的从属子句最多，平均为 0.729 8 个从属子句，而新视野教材最低，平均为 0.570 7 个。可见，五套教材的从属子句使用量存在不同程度的差异，但总的来说，新标准英语教材的从属子句使用量最多，新视野和全新版的从属子句使用量较低。

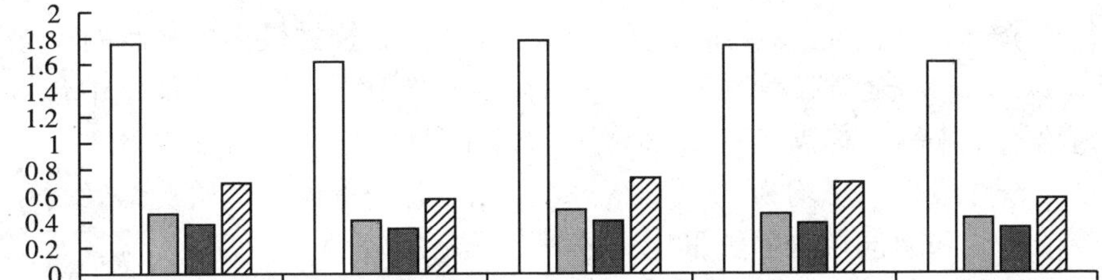

	体验	全新版	新标准	新世纪	新视野
□ C/T	1.758 2	1.616 4	1.779 3	1.739 2	1.606 2
■ CT/T	0.461 2	0.410 1	0.489 4	0.456 3	0.422
■ DC/C	0.380 3	0.343 4	0.403 1	0.384 3	0.349
▨ DC/T	0.695 7	0.571 4	0.729 8	0.692 4	0.570 7

图 4－21　五套教材的从属子句使用量指标

从每个句子中平均 T 单位数量来看，新世纪英语教材的句子中的 T 单位数量最多，平均为 1.158 9 个，而新视野教材最低，平均为 1.101 4 个（图 4－22）。同理，从每个 T 单位中平均并列结构数量来看，新视野教材最多，平均为 0.447 8 个，全新版最少，平均为 0.327 4 个。从每个子句中平均并列结构数量来看，新视野教材最多，平均为 0.281 1 个，而全新版最低，平均为 0.202 6 个。因此，新世纪教材的句子中包含的 T 单位数量最多，新视野最少，然而，新视野教材的 T 单位和子句中包含的并列结构数量最多，T 单位和子句中包含的并列结构最少的是全新版教材。可见，五套教材在并列结构使用量上都存在不同差异。

从每个 T 单位中的平均复杂名词数量来看，体验英语教材最多，平均每个 T 单位中有 2.018 7 个复杂名词，全新版最少，平均为 1.544 8 个（图 4－23）。

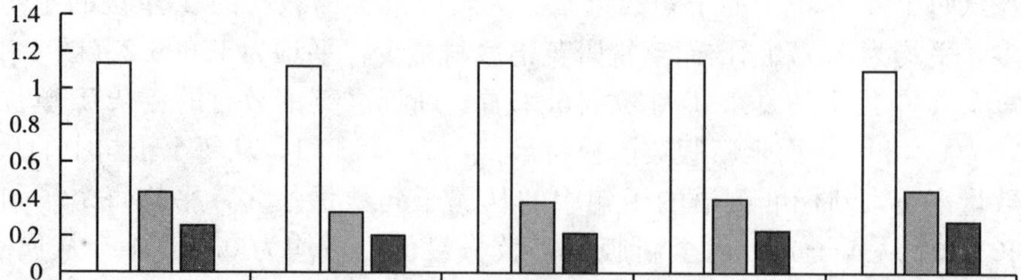

	体验	全新版	新标准	新世纪	新视野
□ T/S	1.135 1	1.120 2	1.142 9	1.158 9	1.101 4
■ CP/T	0.433 5	0.327 4	0.384 7	0.401 6	0.447 8
■ CP/C	0.254 5	0.202 6	0.216 7	0.230 8	0.281 1

图 4 - 22　五套教材的并列结构使用量指标

从每个子句中的平均复杂名词数量来看，体验英语教材最多，平均每个子句中有 1.151 4 个，全新版教材最少，平均为 0.946 1。从每个 T 单位中包含的动词短语数量来看，体验英语最多，平均每个 T 单位中包含 2.305 6 个动词短语，全新版最少，平均为 2.066 7 个。因此，总的来说，体验英语教材中使用的复杂名词和动词短语的数量比例较高，全新版较少。

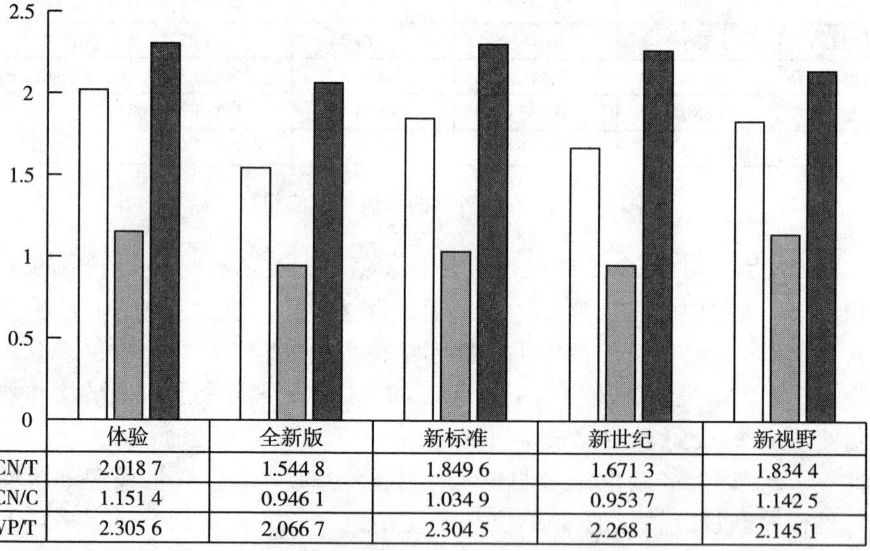

	体验	全新版	新标准	新世纪	新视野
□ CN/T	2.018 7	1.544 8	1.849 6	1.671 3	1.834 4
■ CN/C	1.151 4	0.946 1	1.034 9	0.953 7	1.142 5
■ VP/T	2.305 6	2.066 7	2.304 5	2.268 1	2.145 1

图 4 - 23　五套教材的复杂名词和动词短语数量指标

2. 教材句法复杂度变化趋势

图 4 - 24 的数据表明，体验英语教材课文的产出单位长度指标数值，即

MLS、MLT和MLC指标，上下波动较大，而在句子复杂度、从属子句、并列结构和特定结构四类指标上的数值波动不大，这说明体验英语教材的课文文本在产出单位长度上存在较大差异，也就是说平均句长、平均子句长度、平均T单位长度存在较大差异。并且，图4－24的MLS、MLT和MLC的变化曲线表明，体验1和体验4的产出单位长度值总体高于体验1和体验3。可见教材不同册数之间存在产出单位长度的差异，但并未呈现明显的递增趋势，也就是说随着教材册数的增加，课文文本的句子、子句和T单位长度并未明显递增。另外，体验英语的课文文本的句子复杂度、从属子句、并列结构和特定短语使用量差异较小，且并未呈现明显递增趋势。

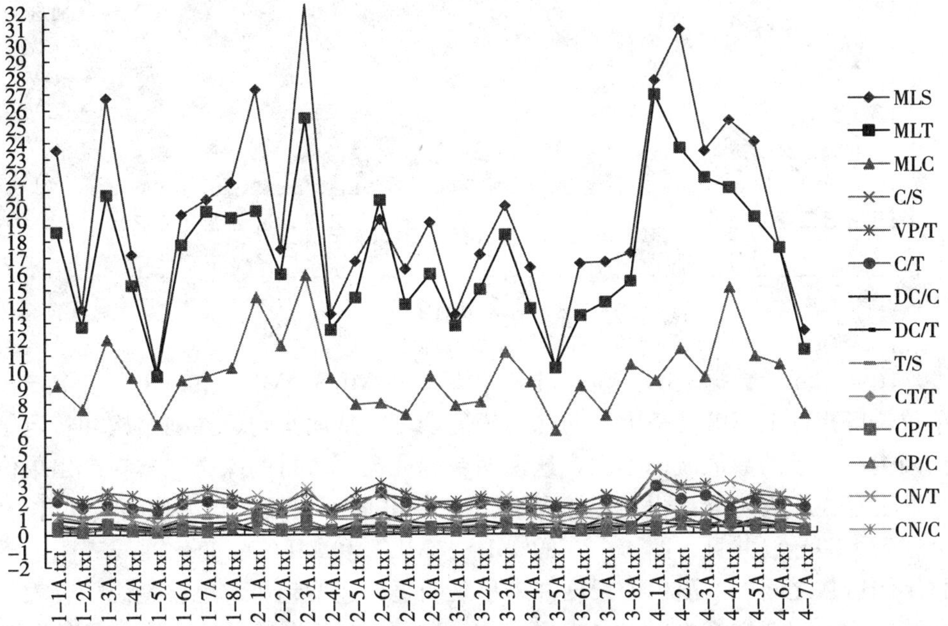

图4－24　体验的句法复杂度变化情况

图4－25的数据表明，全新版英语课文的MLS、MLT和MLC三个产出单位长度指标上下波动较大，而在句子复杂度、从属子句、并列结构和特定结构四类指标上的数值波动不大，这说明全新版英语教材的课文文本在产出单位长度上存在较大差异，也就是说平均句长、平均子句长度、平均T单位长度存在较大差异。并且，图4－25的MLS、MLT和MLC的变化曲线表明，教材不同册数之间的产出单位长度并未呈现明显的递增趋势，也就是说随着教材册数的增加，课文文本的句子、子句和T单位长度并未明显递增。另外，全新版英语的课文文本的句子复杂度、从属子句、并列结构和特定短语使用量差

异较小，且并未呈现明显递增趋势。

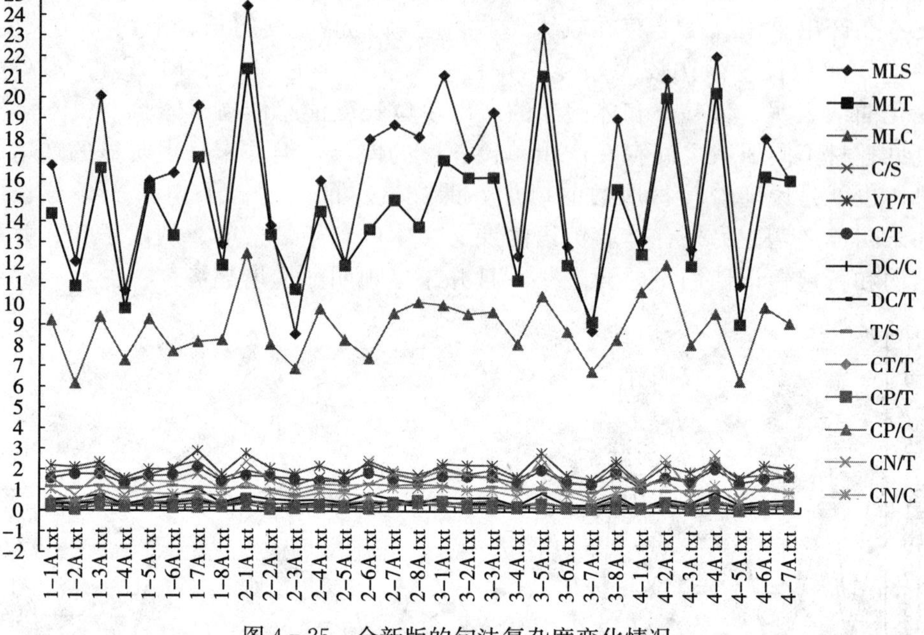

图 4-25　全新版的句法复杂度变化情况

图 4-26 的数据表明，新标准英语课文的 MLS、MLT 和 MLC 三个产出单位长度指标上下波动较大，而在句子复杂度、从属子句、并列结构和特定结构四类指标上的数值波动不大，这说明新标准英语教材的课文文本在产出单位长度上存在较大差异，也就是说平均句长、平均子句长度、平均 T 单位长度存在较大差异。并且，图 4-26 的 MLS、MLT 和 MLC 的变化曲线表明，教材不同册数之间的产出单位长度并未呈现明显的递增趋势，也就是说随着教材册数的增加，课文文本的句子、子句和 T 单位长度并未明显递增。另外，新标准的课文文本的句子复杂度、从属子句、并列结构和特定短语使用量差异较小，且并未呈现明显递增趋势。

图 4-27 的数据表明，新世纪英语课文的 MLS、MLT 和 MLC 三个产出单位长度指标上下波动较大，而在句子复杂度、从属子句、并列结构和特定结构四类指标上的数值波动不大，这说明新世纪英语教材的课文文本在产出单位长度上存在较大差异，也就是说平均句长、平均子句长度、平均 T 单位长度存在较大差异。并且，图 4-27 的 MLS、MLT 和 MLC 的变化曲线表明，教材不同册数之间的 MLS 和 MLT 两个单位长度指标呈现明显的递增趋势，而 MLC 指标递增趋势比较缓慢，也就是说随着教材册数的增加，课文文本的句

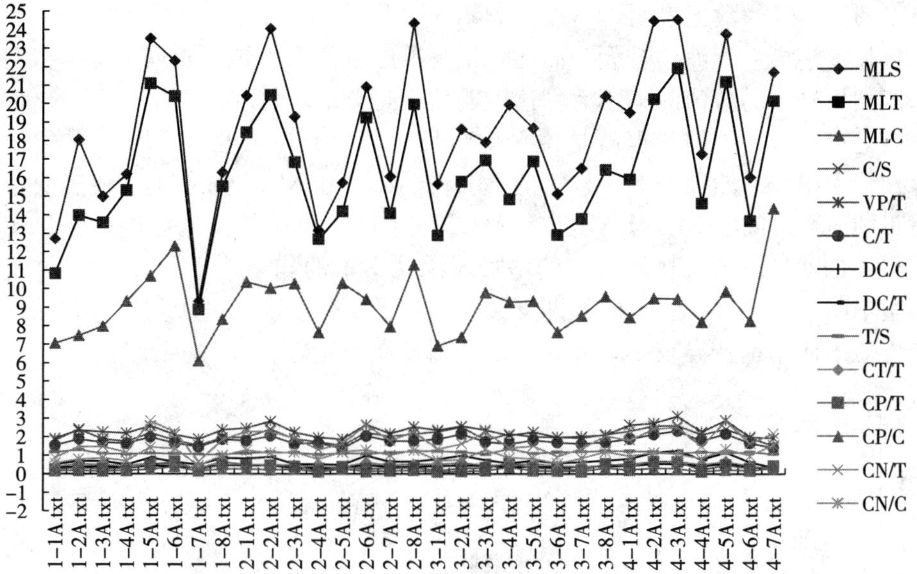

图 4－26　新标准的句法复杂度变化情况

子和 T 单位长度明显递增，而子句长度递增不明显。另外，新世纪的课文文本的句子复杂度、从属子句、并列结构和特定短语使用量差异较小，且并未呈现明显递增趋势。

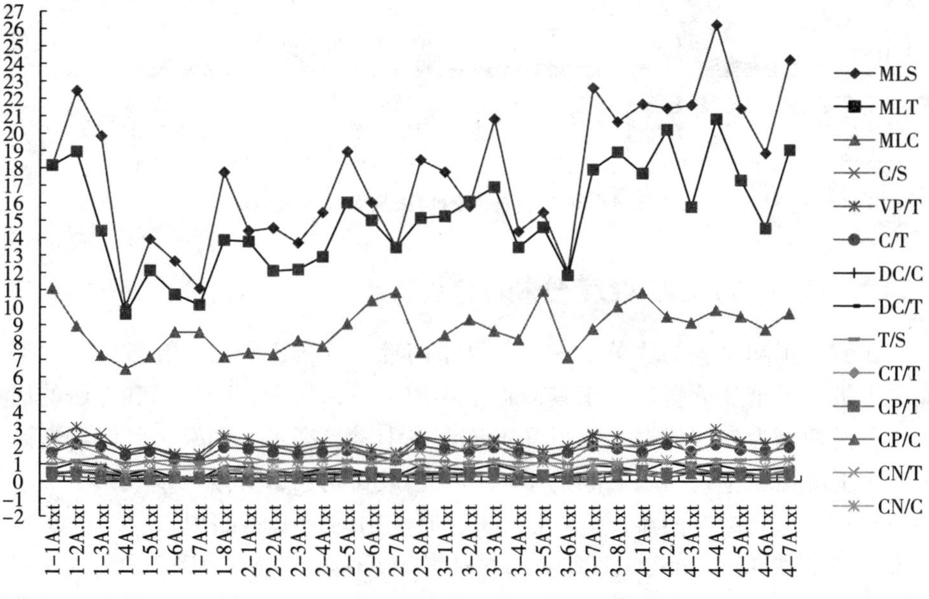

图 4－27　新世纪的句法复杂度变化情况

图 4-28 的数据表明，新视野英语课文的 MLS、MLT 和 MLC 三个产出单位长度指标上下波动较大，而在句子复杂度、从属子句、并列结构和特定结构四类指标上的数值波动不大，这说明新视野英语教材的课文文本在产出单位长度上存在较大差异，也就是说平均句长、平均子句长度、平均 T 单位长度存在较大差异。然而，图 4-28 的 MLS、MLT 和 MLC 的变化曲线表明，教材不同册数之间的 MLS、MLT 和 MLC 三个产出单位长度指标递增趋势比较缓慢，也就是说随着教材册数的增加，课文文本的句子、子句和 T 单位长度递增不明显。另外，新世纪的课文文本的句子复杂度、从属子句、并列结构和特定短语使用量差异较小，且并未呈现明显递增趋势。

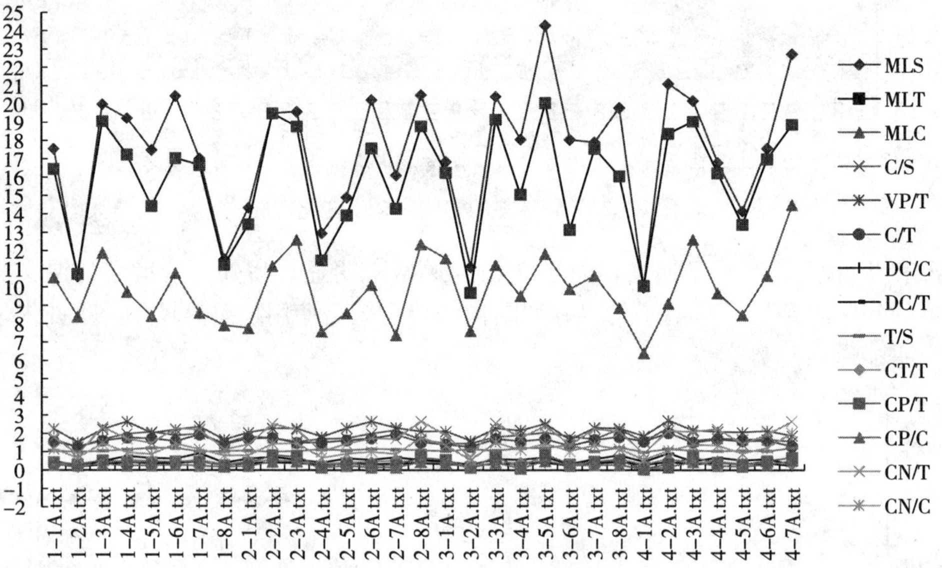

图 4-28　新视野的句法复杂度变化

六、教材的文本难度分析

我们利用网页版的“英语文本难度指南针”分析工具对五套教材的单篇课文文本进行了难度分析。该工具以近十年的中考、高考、四六级和考研的历年真题和模拟题为参照依据，根据文本词汇在中考、高考、四级、六级和考研五个水平上的覆盖率，以及文本的平均句长、最长句长、文章长度共四个文本核心指标数值计算文本的难度 LD 值。LD 值使用的指引图如图 4-29 所示，难度 LD 值分为中考、高考、四级、六级和考研五个考试等级范围，分别为 0.9～1.3、1.7～2.4、2.4～3.5、3.5～4.5 和 3.7～4.6，其中六级和考研难度有重叠部分。

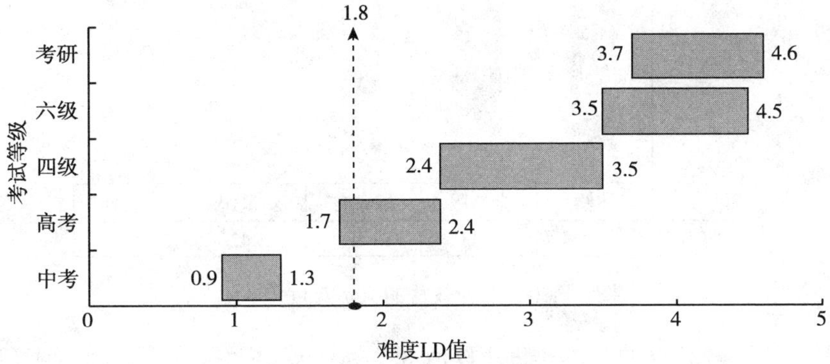

图 4－29　文本难度 LD 值使用指引

1. 教材整体文本难度情况

我们利用“英语文本难度指南针”分析工具分别得到单篇课文的难度 LD 值，然后分别把五套教材的单篇课文文本难度输入 EXCEL 表格，最后利用 EXCEL 的自带的计算功能分别计算五套教材的 32 篇课文文本的平均难度 LD 值，作为教材的整体文本难度值。然后我们分别记录五套教材的课文文本难度范围，从而计算教材的文本难度差异度，以期考察教材文本难度的差异程度。最后我们根据“（文本难度最高值－文本难度最低值）/文本难度最低值”这个公式计算文本难度的增长率，以期考察教材的文本难度增长幅度。以上统计数据汇总得到表 4－11 数据，图 4－30 至图 4－32 直观呈现表 4－11 数据的变化情况。

表 4－11　五套教材的文本难度

教材	难度 LD 值	难度范围	难度差异度	难度增长率
体验	3.48	1.98～4.16	2.18	1.10
全新版	3.43	1.61～4.15	2.54	1.58
新标准	3.48	2.34～3.96	1.62	0.69
新世纪	3.42	2.22～4.18	1.96	0.88
新视野	3.70	3.07～4.08	1.01	0.33

根据图 4－30 的数据，新视野教材的文本难度 LD 值最高，为 3.7，新世纪教材的文本难度 LD 值最低，为 3.42，新标准、体验和全新版教材的文本难度介于中间，分别为 3.48、3.48 和 3.43。根据图 4－29 的文本难度 LD 值使

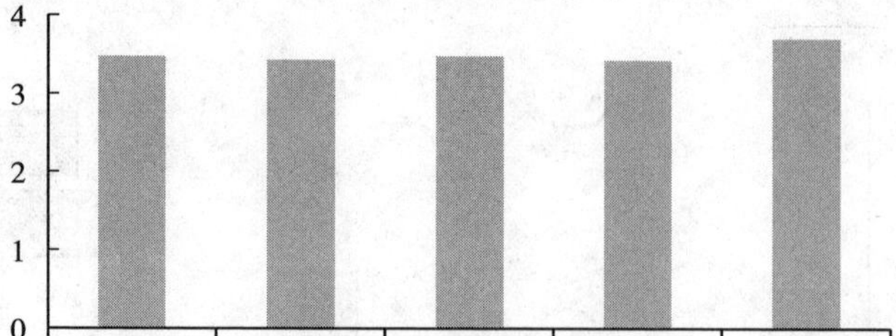

	体验	全新版	新标准	新世纪	新视野
难度 LD 值	3.48	3.43	3.48	3.42	3.7

图 4-30　五套教材的文本难度 LD 值

用指引，新视野教材的文本难度 LD 值 3.7 属于英语六级水平，接近考研水平的临界值。其他四套教材的文本难度属于英语四级水平。因此根据图 4-30 数据，五套教材从易到难分别为新世纪、全新版、体验、新标准和新视野，其中前四套教材的文本难度差别不大，属于四级水平，新视野属于六级水平，接近考研水平。

根据图 4-31 数据，五套教材的课文难度存在不同程度的差异，按照难度差异度从小到大的顺序排列，五套教材分别为全新版、体验、新世纪、新标准、新视野，难度差异度值分别为 2.54、2.18、1.96、1.62、1.01。也就是说五套教材的课文文本难度之间存在不同程度的差异，其中全新版教材的课文文本难度差异度最大，新视野教材的文本难度差异度最小。进一步讲，五套教材的课文文本难度呈现螺旋式的波动，难易度相间。

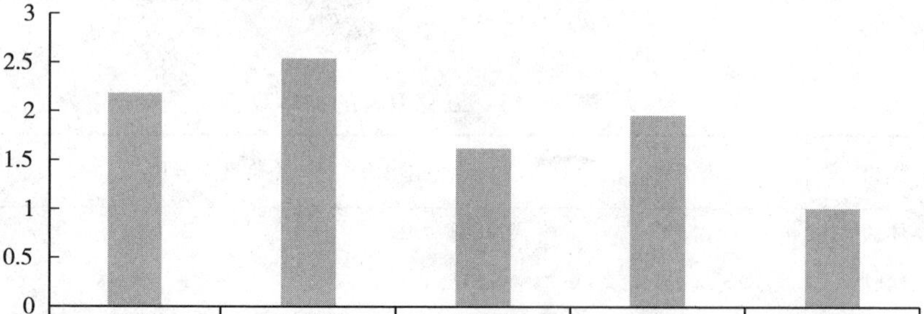

	体验	全新版	新标准	新世纪	新视野
难度差异度	2.18	2.54	1.62	1.96	1.01

图 4-31　五套教材的文本难度差异度

根据图 4-32 数据，五套教材的课文难度增长率存在不同程度的差异，按照难度增长率从小到大的顺序排列，五套教材分别为全新版、体验、新世纪、新标准、新视野，难度增长率分别为 1.58、1.1、0.88、0.69、0.33。也就是说五套教材的课文文本难度增长率存在不同程度的差异，其中全新版教材的课文文本难度增长率最高，为 1.58，新视野教材的文本难度增长率最低，为 0.33。进一步讲，全新版教材的课文文本难度的递增趋势最明显，相对而言，新视野教材的课文文本难度递增趋势最缓慢。

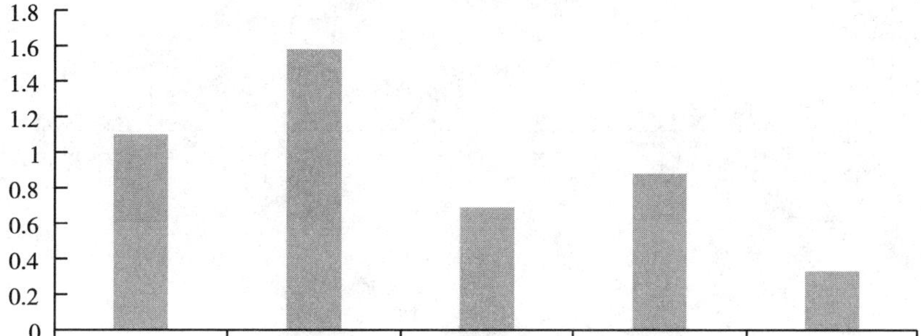

	体验	全新版	新标准	新世纪	新视野
难度增长率	1.1	1.58	0.69	0.88	0.33

图 4-32　五套教材的文本难度增长率

综上所述，从文本难度 LD 值看，新视野的文本难度最高，为 3.7，接近考研水平，全新版的文本难度最低，为 3.43，属于四级水平。然而从文本难度差异度和增长率来看，新视野的文本难度差异度和增长率均为最低，分别为 1.01 和 0.33，全新版的文本难度差异度和增长率均为最高，分别为 2.54 和 1.58。这说明全新版教材的课文文本难度之间差异较大，且难度增长的变化幅度也较大。总的来说，按照文本难度 LD 值看，五套教材由易到难分别为新世纪、全新版、体验、新标准和新视野，按照文本难度增长程度看，五套教材由低到高分别为全新版、体验、新世纪、新标准和新视野。

2. 教材文本难度变化趋势

根据图 4-33 数据，体验英语的文本难度 LD 值的范围在 1.98～4.16，说明体验英语的课文难度存在差异。图 4-33 的数据趋势线表明，体验英语的文本难度 LD 值随着课文篇数的增加呈现上升趋势。我们根据“（文本难度最高值一文本难度最低值）/文本难度最低值”这个公式计算文本难度的增长率，得到体验英语的文本难度增长率为 1.1。这说明体验英语的整体难度增加了一倍多。

根据图 4-34 数据，全新版英语的文本难度 LD 值的范围在 1.61～4.15，说明体验英语的课文难度存在差异。图 4-34 的数据趋势线表明，体验英语的文本难度 LD 值随着课文篇数的增加呈现明显上升趋势。我们根据文本难度增长率公式，得到全新版英语的文本难度增长率为 1.58。这说明全新版英语的整体难度增加了近两倍。

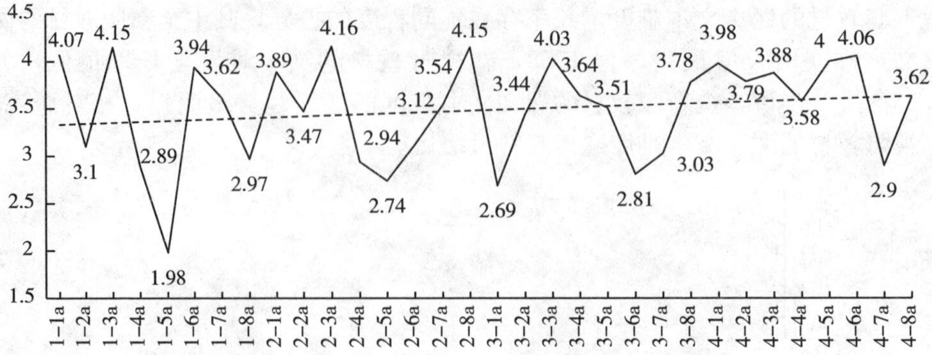

图 4-33　体验教材的文本难度 LD 值变化趋势

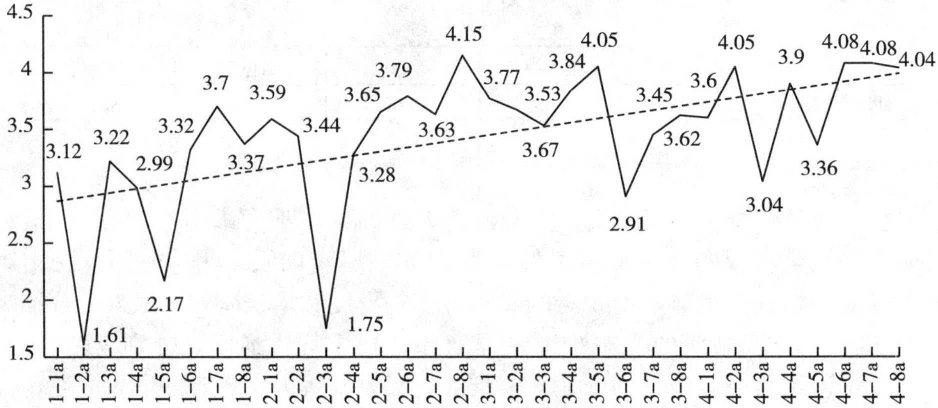

图 4-34　全新版的教材难度 LD 值变化

根据图 4-35 数据，新标准英语的文本难度 LD 值的范围在 2.34～3.96，说明新标准英语的课文难度存在差异。图 4-35 的数据趋势线表明，新标准英语的文本难度 LD 值随着课文篇数的增加呈现明显上升趋势。

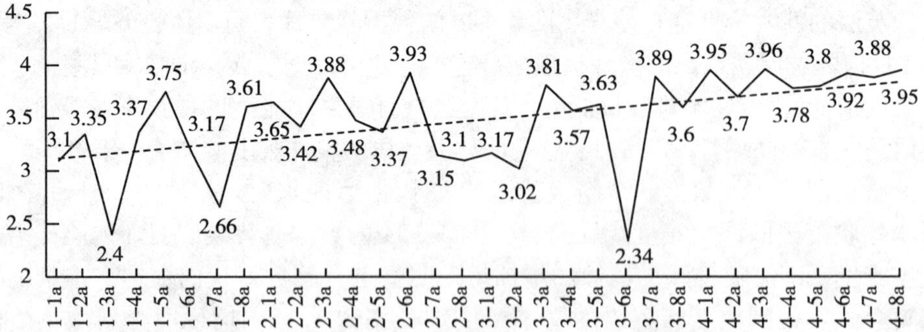

图 4-35　新标准的教材难度 LD 值变化

根据图 4－36 数据，新世纪英语的文本难度 LD 值的范围在 2.22～4.18，说明新世纪英语的课文难度存在差异。图 4－36 的数据趋势线表明，新世纪英语的文本难度 LD 值随着课文篇数的增加呈现明显上升趋势。

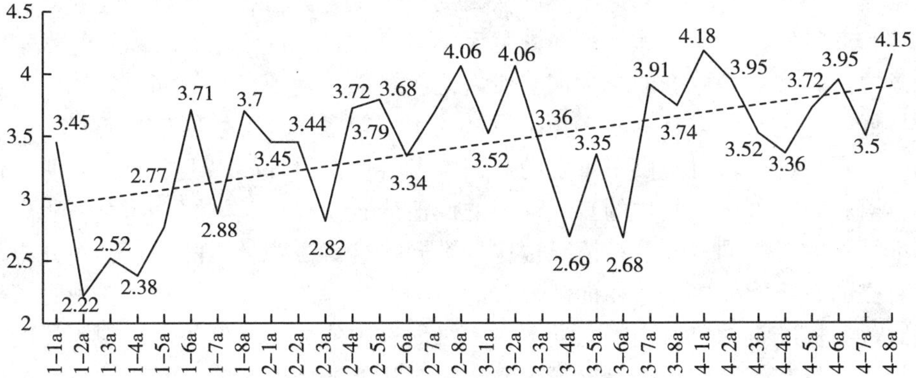

图 4－36　新世纪的教材难度 LD 值变化

根据图 4－37 数据，新视野英语的文本难度 LD 值的范围在 3.07～4.08，说明新视野英语的课文难度存在差异。图 4－37 的数据趋势线表明，新视野英语的文本难度 LD 值随着课文篇数的增加呈现明显上升趋势。

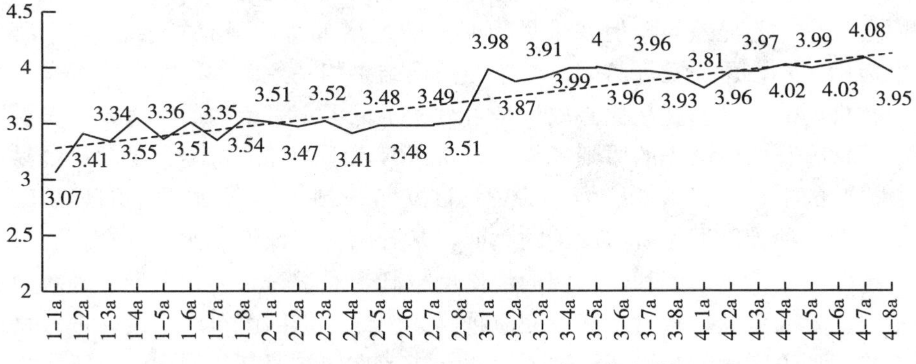

图 4－37　新视野的教材难度 LD 值变化

七、分析和讨论

综上所述，本研究发现五套大学英语教材的词汇复杂度、句法复杂度和文本难度方面的情况如下：

1. 词汇的复杂度情况

首先，从词汇分布的角度讲，也就是教材的词汇在 Range 软件自带的三级词表中的分布情况看，教材的词汇分布情况存在一定差异。从三级词表的所占比例来看，五套教材从高到低依次为体验、新视野、新世纪、全新版、新标准，三级词表所占比例依次为 4.85%、4.80%、3.76%、2.68%、2.64%。从词表外词来看，教材的词汇难度从高到低依次为体验、新视野、全新版、新标准和新世纪。可见，体验和新视野大学英语教材的词汇难度较高，学术词汇和新单词较多，新标准的学术词汇所占比例最低，而新世纪的词表外词所占比例最低，这说明该教材的使用频率较低的生词较多。以上数据为我们根据学生的实际水平选取教材提供了重要的数据参考价值。另外，以上数据也表明，体验英语和新视野英语教材的三级词表的词汇分布情况比较类同，而全新版和新标准教材的三级词表的分布情况也比较类同。这就说明教材的词汇分布并未呈现有机的系统的衔接，存在词汇分布的雷同性。除此之外，体验、新视野、全新版、新标准教材单册之间的词汇在三级词表中的分布比例并未呈现明显的上升趋势，只有新世纪英语呈现了上升趋势，从 2.69% 一直上升到 5.47%。因此，总的来说，教材的词汇分布并未随着册数的增加而递增，这并不是非常符合学生从易到难的认知学习规律。

其次，从词汇复杂性的角度来看，五套教材的词汇密度、词汇变异和词汇复杂度之间的区别不大，只在复杂动词（VS2）的所占比例一个指标上存在一定差别。另外，五套教材的单册教材在词汇密度、词汇变异和词汇复杂度三个方面之间存在明显差异，但并未呈现明显的递增趋势，只有复杂动词（VS2）一个指标例外，这一发现与词汇分布的数据结果相一致。

教材词汇的难易度是检验教材是否具备了词汇水平上的层次落差，是否达到了教材编写循序渐进的原则，是对教材语言水平的梯度检测，是教材难易度等级检验的重要指标（郑志恒，2012；许文涛，2016）。文本词汇的难易度主要取决于各种等级词汇所占比例的高低，基础的常用词汇的比例越高，教材难度就越低，次常用词汇和非常用词汇比例越高，对学习者的词汇量、理解力和语言水平要求更高，教材难度也相应越高。因此，借助语料库手段，把教材的词汇与大型语料库的各级词汇进行对比，或者直接参照其他的词汇分级表进行对比分析是评估教材的词汇难度的一个可行途径，这对教材开发具有重要现实意义。

2. 句法复杂度情况

整体来说，五套教材在句法复杂度的单位长度、句子复杂度、从属子句使用量、并列结构使用量和特定短语结构使用量 5 个类别的 14 个指标上存在一定差异，但差别不大。从教材的句法复杂度变化趋势看，体验英语、全新版英语、新标准英语和新视野英语四套教材存在差异，但随着册数增加并未呈现明显的递增趋势，也就是说其句子复杂度并未呈现由易到难的变化趋势，而新世纪大学英语教材只在平均T单位长度（MLT）和平均句长（MLS）两个指标上呈现了明显的上升趋势。总的来说教材间的句法复杂度之间差别不大，且并未呈现明显的递增趋势。这就意味着，学生选择其中任何一套教材，其句法复杂度的输入都是基本相同的。我们进一步推论，如果学生把教材作为主要的英语输入材料进行学习，其句法复杂度的增长速度是极其缓慢的，很难实现逐步提高学生的句法复杂程度的英语学习目标。从教材编写的角度看，编者有必要利用语料库手段对教材文本进行句法复杂度分析，以严格控制教材文本的句法复杂度，从教材选择的角度来看，教师和学生有必要了解教材的句法复杂度情况从而选取合适教材。因此，从句法复杂度角度看，当前的大学英语教材还有改进空间（蒋韬成等，2016）。

3. 文本难度LD值情况

总的来说，五套教材中新视野的文本难度LD值最高，为3.7，接近考研水平，而体验、全新版、新标准和新世纪四套教材的文本难度基本相同，属于四级水平。另外，五套教材的课文文本难度呈现螺旋式的上下波动，难易度相间，且五套教材的课文难度增长率存在不同程度的差异，其中全新版教材递增趋势最明显，相对而言，新视野教材递增趋势最缓慢。教材文本难度的增长趋势也说明了以上结论。因此，可以说这五套大学英语教材的文本难度相差不是很大，而教材随着册数的增加而增加了文本难度。这一数据表明，教材编者需要注意教材间的难度差异，不然会造成教材建设的重复性和同质化，从而无法满足不同英语水平学习者的需求。

八、教材编写建议

根据上述分析，可以说五套教材随着册数增加提高了文本难度，但这五套教材的文本难度相差不是非常鲜明。这表明，教材编者需要注意教材间的难度差异，不然会造成教材建设的重复性和同质化，从而无法满足学习者的多样化和个性化需求。未来教材出版可以借助于相关语料库工具在词汇、句法以及文本难度三个方面实现教材难度调控，教材建设更加科学化发展。

1. 词汇难易度方面

教材词汇的难易度是检验教材是否具备了词汇水平上的层次落差，是教材难易度等级检验的重要指标。我们可以利用语料库分析软件Range考察英语文本的词汇分布情况。该软件是基于词频进行词汇统计分析的，内嵌3个词频表，词表1为最常用的1 000个英语词簇，词表2为次常用的1 000个英语词簇，词表3为最常用的570个学术词语。文本词汇的难易度主要取决于各种等级词汇所占比例的高低，基础的常用词汇的比例越高，教材难度就越低，反之，教材难度越高。因此，教材编者可以借助该软件对选用的教材文本进行词汇分布的分析，这是评估词汇难度的一个可行途径。根据 Range 软件的分析结果，教材编者可以客观量化教材文本的词汇分布和难易情况，为控制文本的词汇难度提供一个参照。

另外，教材编者可以利用“词汇复杂度分析器”（Ai et al.，2010；Lu，2012）软件对词汇复杂度进行分析，该软件内嵌词汇密度、词汇复杂性与词汇多样性 3 个大类指标。教材编者可以利用该工具对文本的词汇复杂度进行分析，以作为判断词汇难度水平的重要参照。

2. 句法复杂度方面

句法复杂度是教材难度分析的重要指标。就测量方法而言，研究者已提出数十种分析句法复杂度的测量指标。然而由于长期以来缺乏句法复杂度自动分析工具，语篇文本的句法复杂度研究仍然遇到双重瓶颈，一是语料数据规模有限，二是测量指标数量有限。鉴于此，Lu（2010，2015）设计开发了“句法复杂度分析器”，该工具可用 14 种常用句法复杂度测量指标对语篇文本进行自动分析。这 14 种指标涵盖 5 个大类句法复杂度指标，分别为单位长度、句子复杂度、从属子句使用量、并列结构使用量、特定短语结构数量。教材编者可以利用该工具对教材文本进行句法方面的难度分析，以作为教材选取文本的重要参照。

3. 文本难度方面

前文所述，教材编者可以利用“英语文本难度指南针”分析工具对教材文本进行难度分析，大概了解拟编入教材的文本难度情况。该工具可以实现“智能改编”，在线免费提供词汇分析、句法分析与定级结果。词汇分析结果给出词汇在大学一般要求、较高要求和更高要求词表中的分布比例，并报告超纲词汇情况，进而提供替换功能。同时，该工具可以对文本中的最长句进行标注。总的来说，该工具可以提供原文难度、参考基准、改编提示与改编后难度等信息。基于此，教材编者可以实时了解文本的改编程度和难度情况，进行有针对性的文本难度调控，从而编写出适合学习者的难度合适的教材。

当前我国高校的办学层次和学生水平相差甚远，这就要求大学英语教材的出版要体现层级化，避免教材“千校一面”的同质化发展。教育部 2017 年颁布的《大学英语课程教学要求》明确提出大学阶段的英语教学要求分为三个层次，即一般要求、较高要求和更高要求。一般要求是高等学校非英语专业本科毕业生应达到的基本要求。较高要求或更高要求是有条件的学校可以根据自己的办学定位和人才培养目标达到的标准。因此，大学英语教材出版要为国家大学英语教学目标的实现服务。教材出版社要抓住时代机遇，积极出版满足不同级别层次、适合不同高校学生英语水平的高质量层级化教材。毋庸置疑，当前越来越多的出版社参与到大学英语教材出版业中，教材市场竞争日益激烈，而且，当前大学英语通用英语教材的出版“普适化”与“一刀切”现象比较严重。这都必然要求教材编写与出版要走科学化建设的发展路径，语料库手段为之提供了一个可行途径。

综上所述，本研究建立了大学英语教材小型语料库，包括五套“十二五”普通高等教育本科国家级规划教材，分别为《大学体验英语综合教程》（第三版）、《全新版大学英语综合教程》（第二版）、《新标准大学英语综合教程》（第二版）、《新世纪大学英语综合教程》（第二版）和《新视野大学英语读写教程》（第三版）。本语料库只搜集了五套教材的 A 篇课文。另外五套教材的 Word 文本整理为纯文本格式，去掉课文中的图表、注释、说明等辅助性文字。五套教材的课文数量共 160 篇，总形符数为 151 509 个。利用语料库手段对教材进行评估是个可行的途径，这不仅帮助相关人员了解教材在词汇、句法和文本难度方面的数据，也为教材编者控制教材难度提供了一个有效方法，同时也为教材选用者提供了一个可靠的参照标准。

第二节　大学英语后续课程中国文化类英语教材编写研究

当前随着中国文化走出去文化战略的推进，高校的中国文化类英语教材出版也顺应时代号召，出现迅猛发展趋势，越来越多的母语文化教材应运而生。虽然教材出版成绩斐然，但依然存在一些值得思考的问题。笔者以两本中国文化类英语教材《英语畅谈中国文化》（王志茹等，2017）与《中国农业文化概览》（王珍，2019）为例，探讨中国文化类英语教材出版值得商榷的问题，旨在为该类教材出版提供重要的参考数据和启示。

一、编写问题分析

1. 教材编写不能充分实现教材编写目标

如《英语畅谈中国文化》在编写前言中写道：“本教材借助基于内容（content-based）和基于技能（skill-based）的教材的双重优势，以期培养出能够用英语介绍中国文化、弘扬中国文化的人才。”再如《中国农业文化概览》在编写前言写道：“本教材编写的最终目的是帮助大学生了解中国传统农耕文化并且能够用英语进行对外交流，提升文化自信。”可见，两套教材的终极编写目标都是培养学生对外传播和交流中国文化的能力。两套英语教材都对学生翻译技能的培养关注不足。从教材内容来看，教材都是基于内容的单元主题式编写，没有涉及中国特色文化翻译技能的讲解和分析；从单元学习任务来看，涉及的练习主要是信息识别和理解类，形式主要包括信息匹配、填空、判断正误、名词解释、段落翻译和思考题，如表 4-12 所示。

表 4-12　两套英语教材的学习任务形式

教材	题型	示例
《英语畅谈中国文化》	信息查找	Each piece of the following information is given in one of the paragraphs in the passage. Identify the paragraph from which the information is derived and put the corresponding number in the space provided
	句子翻译匹配	Match the teachings of Confucianism in Section A with the English translations in Section B
	信息填空	Figure out the route that Confucius conceived in order to restore the social and political order Complete the following sentences with the information from the passage Watch the part of "introduction" and fill in the blanks
	信息判断	Watch the part of "Confucius's Thought on Li" and decide whether the statements are true or false
《中国农业文化概览》	信息判断	Read the following statements and try to decide whether it is true or false according to your understanding
	信息填空	Fill in the blanks with the information you learn from the text
	名词解释	Explain the following terms
	段落翻译	Translate the following paragraph into English
	思考题	Critical thinking and discussion

从表 4-12 的数据来看，两套教材的信息识别和理解类练习较多，这说明两者都比较重视学生对中国文化知识的掌握，有利于提高学生对本国文化的理解能力。相比而言，两套教材中的翻译任务比较少，且形式单一，主要是句子翻译匹配和段落翻译，缺失对特色文化现象的翻译策略、方法、技巧等技能方面的讲解、示例和针对性练习，这不利于培养学生中国文化的翻译技能，进而不利于培养学生的中国文化对外传播能力，也就无法实现"培养学生对外传播和交流中国文化"这一教材编写目标。

2. 教材编写缺乏读者意识

毋庸置疑，教材的使用对象主要是教师和学生。根据教材编写前言，《中国农业文化概览》的使用对象是中国当代大学生。从学生使用教材的角度来看，教材的中国特色文化英译呈现方式不利于学生理解和掌握中国文化知识与内涵，可以说教材编写在一定程度上缺乏读者意识。

例如，缺失精确的英语注释。《中国农业文化概览》第一章第一部分中对汉语的长度单位“丈”的解释，课文原文如下：

Every day the sky rose one zhang（丈，a unit of length）higher，the earth became one zhang thicker then Pangu grew one zhang taller.

从上述课文来看，课文中对汉语长度单位“丈”进行了简单的英语注释，中外读者都会理解“丈”这个字表示的是一种长度单位，但具体“一丈”是多长，外国读者就不清楚了，即使是中国学生可能也不清楚。这时需要补充一个英语的精确说明。如果再补充上信息“about 3. 3 meters”，中外读者对这一中国古代的长度单位就会有明确的理解了。

3. 翻译方法仅用音译法

当前中国文化类英语教材中对中国特色文化的英语翻译存在翻译方法选择不合适现象。具体表现为仅用音译，无法传递文化内容和内涵。《中国农业文化概览》英语教材中存在大量的古代书籍、古代行政区域单位、特色习俗以及特色思想等名称，教材对其中一些汉语表述进行了直接音译。如《中国农业文化概览》的课文所示：

Most of Chinese myths can find their source in some age - old books，like Classic of Mountains and Seas，The Songs of Chu，Tale of King Mu of Zhou，Lvshi Chunqiu，and Huainanzi.

Sacrifices like food，wine and Mingbi（冥币），would be placed in utensils on the altar or burned in front of the altar.

If the materials were not sufficient，they could get a loan from the Zhou（州）or county government；if one Zhou or county failed to accomplish the work alone，it could unite neighboring Zhou or counties to complete it.

The core concept of Huainanzi is that there is a Tao（道）in the universe，and many parts of it are influenced by the Taoist book Zhuangzi（《庄子》）. The chapter Qisuxun（齐俗训），for instance，inherits the thoughts of the chapter Qiwulun（齐物论）in Zhuangzi.

这里，教材将古代书籍《吕氏春秋》直接音译为 Lvshi Chunqiu，《淮南子》直接译为 Huainanzi；将特色习俗“烧‘冥币’”中的“冥币”音译为

Mingbi；将古代行政区域划分单位“州”直接音译为 Zhou；将庄子的思想“道”音译为 Tao，将章节“齐俗训”与“齐物论”直译为 Qisuxun 与 Qiwulun。例子表明，如果根据上下文无法推测这些特色文化内容和内涵的话，仅仅使用音译方法翻译是不够的，这无法帮助中国学生学习翻译中国特色文化的翻译方法和策略，也无法帮助外国读者读懂其文化内涵。可以说，上面的音译是一种无效翻译。

4. 翻译内容缺失文化内涵

当前中国文化类英语教材如果在课文正文中无法全面正确诠释中国特色文化现象的话，普遍采用的处理方式是采用尾注或加注的方式补充相关文化信息和内涵，这是值得肯定的。但部分教材存在尾注或加注内容缺失对文化现象的文化内涵进行阐释的现象。如《中国农业文化概览》中课文有关“谷雨帖”的尾注，原文如下：

Grain Rain poster is a kind of New Year painting and it is a combination of Taoism and folk customs in China. It is usually carved with images such as chickens catching scorpions and Taoist masters removing five poisons，which shows people's desire for harvest and peace. During Grain Rain，as the temperature rises，pests will enter the high reproduction period. Besides，in the past the building materials of the house gave the pests hiding space，which may cause the risk of stings easily. As a result，when Grain Rain comes，farmers tend to post Grain Rain poster in order to reduce damage to crops and people. This custom is very popular in Shandong，Shanxi Province.

山东、山西和陕西一带谷雨节流行禁杀五毒的习俗，张贴“谷雨帖”是一种流行的习俗，“谷雨帖”是一种年画，上面刻绘神鸡捉蝎、天师除五毒形象等。“禁杀五毒”是张贴“谷雨帖”的重要目的，因此，有必要对“五毒”的文化内涵进行进一步阐释。“五毒”在民间指的是“蜈蚣、毒蛇、蝎子、壁虎、蟾蜍”这五种动物。不然，译文“five poisons”不仅对外国读者造成理解障碍，甚至可能对中国学生也是如此。

再如教材中有关“榷茶”政策的解释，原文如下：

To obtain a fair profit，the government fully carried out tea monopoly，or que cha（榷茶）policy，setting up six tea monopoly centers and thirteen tea plantations in tea planting and commercial regions to take control of tea production and trade. The country benefited a lot from tea taxes.

在宋代执行的榷茶政策不仅是一种茶叶专卖政策，还要收取一定的种茶和卖茶税，因此，课文中把“榷茶”解释为 tea monopoly 是不全面的，译为 the taxation and monopoly of tea 是比较全面的，否则中外读者都会对榷茶政策的文化内涵理解不全面。

5. 编写标准有失统一

中国文化类教材涉及的特色文化现象很多，翻译策略和方法体现出多样性特点，这就容易造成编写标准不统一的情况。《中国农业文化概览》教材主要表现在以下四个方面：

一是术语使用不统一。有些书名的翻译不统一，如：《诗经》的翻译有两种，一种是 Book of Songs，另一种是 The Book of Songs；再如《红楼梦》的翻译有两种，一种是 The Dream of Red Mansion，另一种是 A Dream of Red Mansions。二是术语的汉语拼音书写形式不统一。有些术语的汉语拼音分开写，如五粮液的音译 wuliangye，喝茶方式盖碗式的音译 gaiwan shi，有些术语的汉语拼音分开写，如汾酒的音译 fen jiu，喝茶方式功夫式的音译 gong fu shi。有的术语的汉语拼音斜体，如黑茶的音译 *hei cha*，有的用正体，如云南茶叶滇红的音译 Dianhong。三是音译是否带有汉语注释的标准不统一。如课文中“唐三彩”译为“Tang Sancai，or tri - colored glazed pottery”，没有汉语注释，而“斗彩”译为“doucai（斗彩）or contending color porcelain”，包括了汉语注释。四是同类术语的翻译标准不统一，如淮河的英译是 Huai He 与 Huaihe River，汨罗江的英译是 Milo River，姜水的英译是 Jiangshui River。

二、编写启示与建议

1. 融入翻译技能培养

当前很多中国文化类教材的编写指导思想、编写初衷和编写目标的定位是帮助学生了解中国文化，用英语能够表达中国文化，进而能够对外有效传播中国文化。众所周知，中国文化存在很多英语文化中缺失的特色文化，而教材文本中特色文化的英语翻译方法是学生学习如何翻译中国特色文化的最好参照和模板。因此，为了实现培养学生对外交流中国文化能力这一编写目标，教材中融入中国文化翻译策略、方法、技巧等翻译技能知识和练习是十分必要的。

教材编写者可以尝试以下编写思路：一是分析单元课文中涉及的典型中国特色文化现象，二是确定翻译技能相关知识，三是基于翻译技能设计翻译示例，四是基于翻译技能设计翻译练习。我们以《中国农业文化概览》第三章 Twenty - Four Soar Terms 为例进行说明。

第一步，分析该单元的三篇课文，发现节气文本的语言文化特点是包括大量的习俗，这些习俗往往和人们的庆祝习俗与饮食习俗密切相关。

第二步，分析节气习俗比较适合的翻译策略方法，确定解释性翻译方法作为教材融入的内容。

第三步，依托课文例证讲解解释性翻译方法并进行示例。

课文举例：According to Huangdi Neijing，every three hou made a qi (hou means five - day period). So a year was divided into 72 hou，or 24 qi，popularly known as 24 jieqi.

方法讲解：顾名思义，解释性翻译法就是在翻译的时候对于所译内容作出必要的解释性说明，该方法是对语言意义的解释和补充说明，目的是更好地传递语言信息和文化内涵。

使用与示例：

①用于为保留的源语表达提供释义。

原文：在中国南方，有一种俗称“秋分日吃秋菜”的习俗。

译文：In South China，there is a custom popularly known as “having Qiucai (autumn vegetable) on the Autumn Equinox day”. Qiucai is a kind of wild amaranth.

②用于为专有名词提供附加信息。

原文：3 000 年前，在立春的第一天要举行一个特别的仪式，并且人们要祭祀句芒，他被认为掌管农业。

译文：3 000 years ago，on the first day of Beginning of Spring，a special ceremony would be held and people would make sacrifices to Gou Mang，the god of spring，who was considered to be in charge of agriculture.

③用于处理译语中的文化空缺现象。

原文：冬至的时候，在中国南方，人们会吃汤圆来庆祝，因为它象征着团聚。

译文：At Winter Solstice，in the south，people celebrate this day by eating tangyuan，the sticky rice balls with fillings，because it symbolizes reunion.

④用于解释不通的语言表达习惯。

原文：三伏，出现在小暑与处暑之间，是一年中气温最高且又潮湿、闷热的日子。

译文：Sanfu，three periods of the hot season，or dog days，which occurs between Lesser Heat and End of Heat，are the days with the highest temperature，humid and sultry in the year.

第四步，设计针对性翻译练习。

翻译练习：谷雨还生产一种享誉世界的饮料——雨前茶。在中国，中国人有喝谷雨茶的习惯。

2. 要有读者意识

教材的使用对象是学生，当前随着中国文化走出去战略以及跨文化交流趋势的快速推进，中国文化类英语教材的使用对象可能是中国学生，也可能是外国留学生。例如，《英语畅谈中国文化》在编写前言中写道该教材的适用对象是中国大学生和来华的外国留学生。众所周知，中国文化类英语教材中包含大量的中国特色文化，而在英语文化中没有对等表达。因此，教材编写者有必要从读者角度思考如何通过语言呈现文化现象的问题，以更好地帮助中外读者理解文化内涵。教材编者在编写过程中需要具有读者意识。读者意识，从写作角度看就是写作中的对象意识，是指作家心中倾诉或交流的对象。接受美学家 Wolfgang Iser（1991）提出，作者创作过程中始终存在着“隐在读者”（Implied Reader）。同理，教材编者在编写过程中要思考中国特色文化的翻译方式是否有利于中外读者的理解。中国文化类教材编者的读者意识的一个重要体现就是选择适合的翻译方法呈现中国特色文化。

一是特色文化音译时需要补充必要的英语注释，不能滥用音译法。音译法适合用于翻译人名、地名、汉语中的术语读音等情况，不能把中国特色文化的不可译文化现象都简单翻译成音译形式。音译时需要补充必要的英语注释，如一些需要理解其数值概念的长度、容量、面积等度量单位。如汉语中面积单位“亩”* 的翻译，需要提供概念性解释。“亩”可以译为 mu（a measurement unit of area in ancient China，about 666.67m^2）。再如，书名的翻译也需要补充适当的英语解释，《齐民要术》可以译为 Qi Min Yao Shu（an agricultural book，also known as Important Arts for the People's Welfare）。这类特色文化翻译需要音译和解释性翻译、意译等翻译方法的结合使用。

二是增加必要的拼音与汉字注释。中国汉字的拼音以及声调具有区别意义的功能，而且音异义现象普遍，所以翻译时为了区别意义，有时需要提供拼音或汉字注释。如下面一段有关“元宵”的课文：

Yuanxiao（元宵）or tangyuan（汤圆）is the traditional food for Lantern Festival. It is a glutinous rice ball filled with sweet red bean paste，sesame paste，or peanut butter paste. Chinese people believe that the round shape of yuanxiao symbolizes family reunion since the pronunciation of tangyuan sounds similar to that of tuanyuan（团圆）in Chinese，which means togetherness and unity.

这段文字中就有必要提供汉字解释，因为汉字“元”与“圆”两个字发音

* 亩为非法定计量单位，1 亩≈666.67 米^2。——编者注

相似，但语义不同。再如，基于文化对外传播和交流的需要，“拜天地”可以译为 bow to Heaven and Earth（bai tian di，拜天地），“红盖头”可译为 the red veil（hong gai tou，红盖头），这样外国留学生可以了解某些特色文化的汉语读音。

3. 传递文化内涵

中国文化走出去是我国重要的文化强国战略，因此，中国文化类英语教材的编者需要思考“文化走出去”的内涵是什么，毋庸置疑，“走出去”的不仅是文化现象，更重要的是文化现象背后的文化内涵。文化类英语教材中包含大量的文化现象，那么，教材编者在书写和编辑中国文化类英语教材过程中要注重文化内涵的传递。如《中国农业文化概览》这本教材涉及了神话、祭祀、农业思想、24 节气、传统节日与习俗、丝绸文化、茶文化、酒文化、饮食文化等方面的特色文化，编者编写过程中需要重视对这些特色文化现象隐含的文化内涵的书写。编者可以通过文内解释、加注、尾注等形式对文化现象进行文化内涵阐释。同时，编者进行文化内涵阐释时要重视文化内涵的核心要点。例如，课文提到了山东、山西一带正月初五吃饺子“破五”的习俗，原文如下：

People in the northeast must eat jiaozi on the fifth day of the first month, which is known as Break Five.

编者可以采用文后尾注的方式对“破五”这一文化现象及内涵进行阐释。

如果这样阐释是不够的：

Break Five（po wu，破五）is a traditional Chinese custom, on the fifth day of the first month of the lunar calendar. On this day, there is a custom called “driving five evil spirits”. At dawn, people set off firecrackers and have a housecleaning.

上面这段文字阐释没有解释清楚“five evil spirits”的所指意义，也没有传递“破五”这一习俗的文化内涵。

可以这样书写：

Break Five（po wu，破五）is a traditional Chinese custom, on the fifth day of the first month of the lunar calendar. On this day, there is a custom called “driving five evil spirits” which are poor intelligence, poor learning, poor literature, poor life and poor communication. At dawn, people set off firecrackers and have a housecleaning, which expresses the good wishes to ward off evil spirits and eliminate disasters and welcome good fortune.

上面的文字阐释不仅抓住了“破五”的所指含义，还传递了其文化内涵。这样，中外读者对中国文化现象也就不仅知其然，而且知其所以然。

4. 要遵循一定标准

教材编写需要遵循一定标准，如选材标准、难度标准、书写规范标准、术语翻译标准等，其标准的重要性不言而喻。中国文化类英语教材涉及很多特色文化现象及术语，有时需要用到汉语拼音，那么汉语拼音的书写标准需要统一，比如拼音是分开写还是合起来写，首字母大写还是小写，用正体还是斜体。再如，书名、山名、河名等术语的翻译是遵循英语表达习惯，还是统一用“音译＋意译”、“直译＋意译”、音译、直译或者意译等方式进行翻译。我们以“河名”的翻译为例进行说明，如黄河和长江的翻译，可以采用习惯表达法，译为 the Yellow River 和 Yangtze River，其他“河”的翻译可以统一采用“音译＋通名”的方式进行翻译，如淮河译为 Huaihe River，岷江译为 Minjiang River，姜水译为 Jiangshui River 等。关键是教材中对统一术语的翻译要使用前后一致的书写形式，不能出现前面是 Min River，后面是 Minjiang River 的现象。另外，这些“河”名的汉语拼音书写形式要统一，可以统一首字母大写、正体、拼音合并书写。上述分析说明，教材的编写标准是非常重要的，直接影响到教材质量。因此，教材编者需要在教材编写过程中确定明确的编写标准。这是高质量教材出版的重要保障，编者一定要高度重视。

参 考 文 献

沃尔夫冈·伊瑟尔，1991. 阅读活动审美反应理论［M］. 金元浦，周宁，译. 北京：中国社会科学出版社.

巴战龙，2020. 试论产出导向法在裕固语教学中的应用：基于教育人类学的视角［J］. 当代教育与文化，12（6）：98-103.

常海潮，2017. 从 Drnyei 等人对学习策略的批评看二语习得个体差异研究现状和走向［J］. 中国外语，14（4）：54-61.

常小玲，2017. “产出导向法”的教材编写研究［J］. 现代外语（3）：359-368.

陈向明，2010. 范式探索：实践—反思的教育质性研究［J］. 北京大学教育评论，8（4）：40-54，188.

邓海龙，2018. “产出导向法”与“任务型教学法”比较：理念、假设与流程［J］. 外语教学，39（3）：55-59.

桂诗春，1994. 应用语言学的系统论［J］. 外语教学与研究（4）：9-16，80.

韩德顺，2007. 语料库应用于教材评析的尝试［J］. 外语电化教学（2）：23-28.

何安平，2007. 语料库辅助的基础英语教材分析［J］. 课程·教材·教法（3）：44-49.

何高大，任杨，2013. 大学英语课程教学转型与实践［J］. 黑龙江高教研究，31（9）：145-149.

何克抗，2004. 从 Blending Learning 看教育技术理论的新发展：上［J］. 电化教育研究（3）：1-6.

胡杰辉，2021. 混合式外语教学的理论内涵与研究范式［J］. 外语界（4）：2-10.

蒋韬成，李世琴，赵丽梅，2016. 基于语料库的大学英语教材句法复杂度研究［J］. 齐齐哈尔大学学报（哲学社会科学版）（6）：180-182.

蓝洁，2018. “师生合作评价”在大学英语课堂口语汇报的实践与反思［J］. 文山学院学报，31（4）：106-111.

李家春，2021. 中国高校外语微课需求分析：基于 124 所高校教师与学生的调查［J］. 外文研究，9（1）：9-18.

李楠楠，2021. 基于“产出导向法”的英语写作思辨能力培养研究［J］. 高教探索（2）：70-74，94.

李小兰，2021. 信息化背景下大学英语混合式教学改革与实践［J］. 高教学刊（14）：120-123.

刘丽华，戴慧琳，黄振定，2018. 英语专业学生的中国文化失语症分析研究［J］. 外语电化教学（5）：42-46.

刘凌燕，杜珺，2018. “产出导向法”视域下的研究生专门用途英语教学研究［J］. 学位与研究生教育（9）：27 - 31.
刘星，2020. 大学英语在线教学中的思辨能力评价活动研究：基于布鲁姆教育目标分类法的研究［J］. 现代英语（17）：9 - 11.
刘艳红，张军，2015. 基于语料库的通用大学英语教材词汇研究［J］. 中国外语教育，8（1）：42 - 50.
罗少茜，张玉美，2021. 任务型语言教学在中国：理论、实践与研究［J］. 英语学习（10）：4 - 9.
吕晓敏，2021. 基于 MOOC 的混合式教学模式在大学英语教学中的实践探索［J］. 外语电化教学（1）：61 - 65.
马晓蕾，葛军，胡琼，2021. 线上线下混合式外语教学的有效实践模式探究［J］. 外语界（4）：19 - 26.
孟春国，2011. 高校外语教师反思教学观念与行为研究［J］. 外语界（4）：44 - 54.
秦晓晴，2002. 动机理论研究及其对外语学习的意义［J］. 外语研究（4）：74 - 79.
邱琳，2017. "产出导向法"语言促成环节过程化设计研究［J］. 现代外语（3）：98 - 108，151.
阮晓蕾，詹全旺，2021. 混合式学习视域下的大学英语"线上＋线下"课程建构行动研究［J］. 外语电化教学（5）：101 - 106.
宋晓舟，2016. 基于语料库的英语专业教材词汇研究［J］. 教育评论（8）：123 - 126.
孙曙光，2019. "师生合作评价"的辩证研究［J］. 现代外语，42（3）：419 - 430.
孙曙光，2017. "师生合作评价"课堂反思性实践研究［J］. 现代外语，40（3）：397 -406.
孙曙光，2018. 师生合作评价的课堂实践：写作评价［R］. 北京：英语教学课堂评估：理念与方法研修班.
孙小琴，李颖，2013. 国外教材建设的理论依据和最新发展趋势［J］. 外语学刊（6）：114 -121.
孙倚娜，顾卫星，2015. 中国大学英语教师专业发展路径研究：实践反思与团队建设：兼析国家精品课程/国家精品资源共享课"大学英语应用类课程"教师专业发展［J］. 外语研究（4）：63 - 66.
泰勒，2008. 课程与教学的基本原理［M］. 罗康，张阅，译. 北京：中国轻工业出版社.
万玮敏，2020. 基于"产出导向法"的大学英语口语教学研究［J］. 山东外语教学，41（6）：60 - 68.
王华，甄凤超，2014. 动态评估中教师提示系统的诊断作用对写作教学的有效性分析［J］. 外语测试与教学（1）：14 - 24.
王丽丽，张晓慧，2021. 基于产出导向的大学英语混合式"一流课程"建设研究［J］. 黑龙江高教研究，39（3）：146 - 151.
王晓媛，宋岳礼，2018. TSCA 评价理论在大学英语口语教学中的应用［J］. 内蒙古师范大学学报（教育科学版），31（7）：80 - 83，111.
王珍，2019. 中国农业文化概览［M］. 北京：中国农业出版社.

王志茹，陆小丽，2017. 英语畅谈中国文化［M］. 北京：外语教学与研究出版社 .
文秋芳，毕争，2020. 产出导向法与任务教学法的异同评述［J］. 外语教学，41（4）：41-46.
文秋芳，2016. “师生合作评价”：“产出导向法”创设的新评价形式［J］. 外语界（5）：37-43.
文秋芳，2015. 构建“产出导向法”理论体系［J］. 外语教学与研究，47（4）：547-558.
文秋芳，2017. 辩证研究法与二语教学研究［J］. 外语界（4）：2-11.
文秋芳，2018. “辩证研究范式”的理论与应用［J］. 外语界（2）：2-10.
文秋芳，2017. “产出导向法”的中国特色［J］. 现代外语，40（3）：348-358.
文秋芳，2018. “产出导向法”与对外汉语教学［J］. 世界汉语教学，32（3）：387-400.
吴迪，2020. 学习需求视角下的大学外语实践教学研究［J］. 长春大学学报，30（2）：117-120.
吴树芳，朱杰，王梓懿，2018. 浅析布鲁姆教育目标分类体系［J］. 教育现代化，5（46）：22-23.
吴岩，2018. 建设中国“金课”［J］. 中国大学教学（12）：4-9.
项兰，2016. 翻转课堂教学模式研究：以布鲁姆的教育目标分类学为视角［J］. 外语教育研究（3）：34-38.
肖滢，吴志坚，2018. 基于布鲁姆教育目标分类理论的翻转课堂教学模式研究［J］. 教育文选（2）：87-95.
许文涛，2016. 英语教材词汇的语料库评估模式构建［J］. 广东外语外贸大学学报（3）：117-123.
闫开伦，王宏俐，李名城，2021. 高校学生外语在线学习满意度及其影响因素研究［J］. 外语界（5）：23-32.
张传根，2015.《新世纪大学英语系列教材》案例解析［J］. 现代出版（6）：59-61.
张丹，2021. 大学英语混合式金课的构建与实践研究［J］. 外语电化教学（1）：71-77，91.
张静，2020. 英语专业口译金课建设理念与方略［J］. 外国语文，36（3）：130-137.
张仁霞，2015. 语料库辅助大学英语教材对比研究：对三套大学英语教材的比较［J］. 现代教育科学（高教研究）（6）：91-94.
张伟年，2014. 英语教材评价理论框架研究［J］. 外语研究（1）：67-73.
张文娟，2017. “产出导向法”对大学英语写作影响的实验研究［J］. 现代外语（5）：377-385.
张艳红，2010. 大学英语写作教学的动态评价体系建构［J］. 解放军外国语学院学报，33（1）：46-50.
郑新民，苏秋军，2020. 后 MOOC 时代大学英语教师混合教学策略与信念探究［J］. 外语电化教学（2）：15-21.
郑志恒，2012. 基于语料库的英语阅读教材词汇评估［J］. 外语研究（5）：56-63.

钟富强，2021. 智慧外语教学改革的路径与系统构建研究 [J]. 外语电化教学（1）：85 -91.

周小勇，张海明，2011. 大学英语课程教学改革若干问题探讨 [J]. 黔南民族师范学院学报，31（5）：59 - 63.

祝珣，马文静，2014. 布鲁姆教育目标分类理论对大学英语阅读教学的启示 [J]. 中国大学教学（9）：67 - 71.

ADAMS N E，2015. Bloom's taxonomy of cognitive learning objectives [J]. Journal of the medical library association，103（3）：152 - 153.

AI H Y，LU X F，2010. A web - based system for automatic measurement of lexical complexity [N]. Paper presented at the 27th annual symposium of the computer - assisted language consortium（CALICO - 10）. Amherst，MA. June 8 - 12.

ALEBAIKAN R，TROUDI S，2010. Online discussion in blended courses at Saudi Universities [J]. Procedia - social and behavioral sciences，2（2）：507 - 514.

ANDERSON L W，KRATHWOHL D R，2001. A taxonomy for learning，teaching，and assessing [M]. Abridged edition. Boston：Allyn & Bacon.

ANGGORO K J，KHASANAN U，2022. A flipped classroom model to improve students' online EFL learning [J]. TESOL journal，13（1）：631.

ARMSTRONG P，2010. Bloom's taxonomy [EB/OL]. Vanderbilt university center for teaching，[2022 - 03 - 24]. https：//cft. vanderbilt. edu/guides - sub - pages/blooms - taxonomy/.

ATHANASSIOU N，MCNETT J M，HARVEY C，2003. Critical thinking in the management classroom：Bloom's taxonomy as a learning tool [J]. Journal of management education，27（5）：533 - 555.

BAEK J，LEE C H，2018. University students' perceptions and engagement in mobile assisted blended learning in English speaking classes [J]. Multimedia - assisted language learning，21（4）：11 - 36.

BOUIHERES，et al.，2020. Defining student learning experience through blended learning [J]. Education and information technologies，25（4）：3049 - 3069.

BUTTON L J，2022. Curriculum essentials：a journey [M/OL]. [2022 - 03 - 24]. https：//oer. pressbooks. pub/curriculumessentials/chapter/curriculum - design - development - and - models - planning -for -student - learning - there - is - always - a - need - for - newly - formulated - curriculum - models - that - address - contemporary - circumstance - an/.

CARLESS D，2003. Factors in the implementation of task - based teaching in primary schools [J]. System，31（4）：485 - 500.

CIOFFI G，CARNEY J J，1997. Dynamic assessment of composing abilities in children with learning disabilities [J]. Educational assessment，4（3）：175 - 202.

CLARK D, 2009. Bloom's taxonomy of learning domains [EB/OL]. (2009 - 12 - 01) [2022 -03 - 24]. https: //www. nwlink. com/~Donclark/hrd/bloom. html.

CROMPTON et al. , 2019. Mobile learning and student cognition: a systematic review of PK - 12 research using Bloom's taxonomy [J]. British journal of educational technology, 50 (2): 684 - 701.

CUNNINGSWORTH A, 2002. Choosing your coursebook [M]. Shanghai: Shanghai Foreign Language Education Press.

CUNNINGSWORTH A, 1995. Choosing your coursebook [M]. London: Macmillan Publishers Limited.

DAVID S, 1978. Continuity of concern for students in a system of learning at a distance [M]. ZIFF. Hagen: Fern University.

DOLL R, 1992. Curriculum improvement: decision making and process [M]. 8th ed. Boston: Allyn & Bacon.

EARL L M, 2003. Assessment as learning: using classroom assessment to maximize student learning [M]. Thousand oaks, CA: Corwin Press Inc.

ECCLES J P, WIGFIEL A, 1995. In the mind of the actor: the structure of adolescents' achievement task values and expectancy - related beliefs [J]. Personality and social psychology bulletin, 21 (3): 215 - 225.

ELLIS R, 2009. Task - based language teaching: sorting out the misunderstandings [J]. International journal of applied linguistic, 19 (3): 221 - 246.

FARRELL T, 2007. Reflective language teaching: from research to practice [M]. London: Continuum Press.

FARRELL T, 1999. Reflective practice in an EFL development group [J]. System, 27 (2): 157 - 172.

FARRELL T, 2013. Reflective practice: reawakening your passion for teaching [M]. Beijing: Foreign Language Teaching and Research Press.

GREBIN N, 2020. Applying Benjamin Bloom's taxonomy ideas in adult learning [J]. Journal of education culture and society, 11 (1): 61 - 72.

HARDWODD N, 2002. Issues in materials development and design. In HARWOOD N (ed.), English language teaching materials: theory and practice [C]. Cambridge: Cambridge University Press: 1 - 30.

HSIEH J, SCOTT C, et al. , 2017. Using the flipped classroom to enhance EFL learning [J]. Computer assisted language learning, 30 (1 - 2): 1 - 21.

JIN T, LI B, 2016. Eng - editor: a data - driven tool for English text adaptation [M]. Guangzhou: LanguageData (languagedata. net/tester).

KIRSCHNER P, et al. , 2006. Why minimal guidance during instruction does not work: an analysis of the failure of constructivist, discovery, problem - based, experiental, and inquiry - based teaching [J]. Educational psychologist, 4 (2): 75 - 86.

KOPROWSKI M, 2005. Investigating the usefulness of lexical phrases in contemporary coursebook [J]. ELT journal, 59: 322 - 332.

LEE I, 2007. Feedback in Hong Kong secondary writing classrooms: assessment for learning or assessment of learning [J]. Assessing writing, 12 (3): 180 - 198.

LITTLEWOOD W, 2007. Communicative and task - based language teaching in East Asian classrooms [J]. Language teaching, 40 (3): 243 - 249.

LU X F, AI H Y, 2015. Syntactic complexity in college - level English writing: differences among writers with diverse L1 backgrounds [J]. Journal of second language writing (29): 16 - 27.

LU X F, 2011. A corpus - based evaluation of syntactic complexity measures as indices of college - level ESL writers' language development [J]. TESOL quarterly, 45 (1): 36 - 62.

LU X F, 2010. Automatic analysis of syntactic complexity in second language writing [J]. International journal of corpus linguistics, 15 (4): 474 - 496.

LU X F, 2012. The relationship of lexical richness to the quality of ESL learners' oral narratives [J]. The modern language journal, 96 (2): 190 - 208.

MASLOW A H, 1970. Motivation and personality [M]. New York: Harper & Row.

MCDONOUGH J, SHAW C, 1996. Materials and methods in ELT [M]. 2th ed. Oxford: Blackwell.

MCGRATH I, 2002. Materials evaluation and design for language teaching [M]. Edinburgh: University of Edinburgh Press.

MUKUNDAN J, AHOUR T, 2011. A review of textbook evaluation checklists across four decades (1970—2007) [A]. London: Continuum: 336 - 352.

NATION I S P, MACHALISTER J, 2010. Language curriculum design [M]. New York: Routledge.

PRAKASH R, LITORIYA R, 2021. Pedagogical transformation of bloom Taxonomy's LOTs into HOTs: an investigation in context with IT education [J]. Wireless personal communications, 122 (1): 725 - 736.

RUBDY R, 2003. Selection of materials. In TOMLINSON B (ed.), developing materials for language teaching [C]. London: Continuum.

SAYLOR J G, ALEXANDER W M, LEWIS A J, 1981. Curriculum planning for better teaching and learning [M]. 4th ed. New York: Holt, Rinehart & Winston.

SCHWEITZER K, 2020. Curriculum design: definition, purpose and types [EB/OL]. (2020 -10 -29) [2022 - 03 - 24]. thoughtco. com/curriculum - design - definition - 4154176.

SHRESTHA P, COFFIN C, 2012. Dynamic assessment, tutor mediation and academic writing development [J]. Assessing writing, 17 (1): 55 - 70.

SIMBOLON N E, 2021. EFL students' perceptions of blended learning in English language course：learning experience and engagement [J]. Journal on English as a foreign language，11 (1)：152 - 174.

SINGH H，REED C，SOFTWARE C，2017. A white paper：achieving success with blended learning [J]. Centra software retrieved (3)：206 - 207.

TOMLINSON B，2003. Developing materials for language teaching [C]. London：Continuum.

TYLER R W，1969. Basic principles of curriculum and instruction [M]. Chicago：University of Chicago Press.

WALLACE M J，1991. Training foreign language teachers：a reflective approach [M]. Cambridge：Cambridge University Press.

Western Governors University，2021. What is Blended Learning [EB/OL]. (2021 - 09 - 13) [2022 -03 - 25]. https：//www. wgu. edu/blog/blended - learning2109. html # close.

YAROSLAVOVA E N，KOLEGOVA I A，STAVTSEVA I V，2020. Flipped classrom blended learning model for the development of students' foreign language communicative competence [J]. Perspektivy nauki iobrazovania—perspectives of science and education，43 (1)：399 - 412.

图书在版编目（CIP）数据

大学英语一流课程建设研究 / 王珍著. -- 北京 ：中国农业出版社，2024. 12. -- ISBN 978-7-109-32048-2

Ⅰ. H319.3

中国国家版本馆 CIP 数据核字第 2024KW1152 号

大学英语一流课程建设研究

DAXUE YINGYU YILIU KECHENG JIANSHE YANJIU

中国农业出版社出版

地址：北京市朝阳区麦子店街 18 号楼

邮编：100125

责任编辑：肖　杨

版式设计：王　晨　　责任校对：吴丽婷

印刷：北京中兴印刷有限公司

版次：2024 年 12 月第 1 版

印次：2024 年 12 月北京第 1 次印刷

发行：新华书店北京发行所

开本：720mm×960mm　1/16

印张：10

字数：190 千字

定价：78.00 元